CATALOGUE

DE

MONNAIES ET MÉDAILLES

GRECQUES, ROMAINES, FRANÇAISES
ET ÉTRANGÈRES

TYPOGRAPHIE DE CH. LAHURE
Imprimeur du Sénat et de la Cour de Cassation
rue de Vaugirard, 9

CATALOGUE

DES

MONNAIES ET MÉDAILLES

GRECQUES, ROMAINES, FRANÇAISES
ET ÉTRANGÈRES

COMPOSANT LE CABINET

DE FEU M. DE CHARMONT DE NANCY

DONT LA VENTE AURA LIEU

LES 10, 11 ET 12 DÉCEMBRE 1857

à une heure

HÔTEL DES COMMISSAIRES-PRISEURS

RUE DROUOT, 5

Par le ministère de M⁰ DELBERGUE-CORMONT, Commissaire-Priseur

rue de Provence, 8, 3 Paris

EXPOSITION PUBLIQUE TOUS LES MATINS DE LA VENTE

DE ONZE HEURES A UNE HEURE

LE CATALOGUE SE DISTRIBUE

Chez MM. DELBERGUE-CORMONT, commissaire-priseur
ROLLIN, expert, rue Vivienne, 12

1857

CONDITIONS DE LA VENTE.

Elle sera faite au comptant.

Les acquéreurs payeront cinq centimes par franc en sus du prix des adjudications.

Les lots pourront être divisés et plusieurs articles réunis à la volonté du vendeur.

CATALOGUE

DE

MONNAIES ET MÉDAILLES

GRECQUES, ROMAINES, FRANÇAISES
ET ÉTRANGÈRES.

MÉDAILLES GRECQUES.

TARRAGONAISE.

1. EMPORIAE. Tête de Cérès à droite, entourée de poissons. — ℞. ΕΜΠΟΡΙΤωΝ. Pégase. Æ.

NARBONNAISE.

2. MARSEILLE. Tête de Diane à droite.— ℞. ΜΑΣΣΑ. Lion à gauche. — Tête d'Apollon à droite. — ℞. ΜΑΣΣΑ. Lion à gauche , dessous ΑΝ. — Tête d'Apollon à droite. — ℞. ΜΑ. Dans une roue à quatre rayons. Æ. 3 ps.

INCERTAINES.

3. — Tête casquée. — ℞. Κ · Ʀ · D. Cheval. — Tête casquée. — ℞. Cheval marin. Æ. 6 ps.
4. — 5 pièces semblables. Æ.

5. — Tête avec de longs cheveux.— ℞. Cheval à droite, dessous une roue. ℛ. 3 ps.

6. — Tête informe.— ℞. Cheval très-barbare. ℛ. 3 ps.

7. — Tête imberbe entourée de guirlandes. — ℞. Cheval à tête humaine à gauche, dessous une main. ₦.

8. — Tête à droite. — ℞. Bige à gauche, dessous épi. ₦. Petit module.

CAMPANIE.

9. **NEAPOLIS.**— Tête de femme.— ℞. Bœuf. TARENTE· Cavalier. — ℞. Taras sur le dauphin. — ℛ. 3 ps.

LUCANIE.

10. **HÉRACLÉE.** Hercule debout étouffant le lion. Hercule à genoux étouffant le lion. — METAPONTE. Tête d'Apollon. — ℞. META. Épi de blé dessus la feuille, charrue. — POSIDONIE. Neptune tenant son trident. — ℞. Bœuf. ℛ. 4 ps.

11. **THURIUM.** Tête casquée de Pallas.—℞. ΘΟΥΡΙΩΝ. Bœuf cornupète, moyen et petit module. ℛ. 2 ps.

12. **VELIE.** Tête casquée à droite. — ℞. ΥΕΛΗΤΩΝ. Lion au-dessus épi. — Tête casquée à gauche. — ℞. ΥΕΛΗΤΩΝ. Lion au-dessus caducée.—PHISTULIS. Tête nue imberbe de face. — ℞. PHISTVLIS en caractères osques, grain d'orge, coquille, poisson. ℛ. 3 ps.

BRUTTIUM.

13. **CROTONE.** Trépied en relief.—℞. Trépied en creux. — TERINA. Tête de femme à droite. — ℞. Victoire assise sur une base, petit module. ℛ. 2 ps.

SICILE.

14. **PANORME.** Tête de Cérès à gauche. — ℞. Cheval à

droite retournant la tête. — SYRACUSE. Tête avec les cheveux retenus par un bandeau de perles. — ℞. Polype petit module. Æ. 2 ps.

15. THRACE CHERSONESUS. Partie antérieure de lion.— ℞. Carré divisé en quatre parties : dans l'une **A** ; dans l'autre tête de bélier. ROI DE THRACE LYSIMAQUE. Sa tête avec la corne d'Ammon. — ℞. Pallas assise, petit module. MACEDOINE NEAPOLIS. Masque de face. — ℞. **ΝΕΟΠ**. Tête de face, petit module. Æ. 3 ps.

ROIS DE MACÉDOINE.

16. PHILIPPE II. Tête à droite. — ℞. Bige dessous diota **ΦΙΛΙΠΠΟΥ**. Statère. N.

17. ALEXANDRE III. Tête casquée.—℞. **ΑΛΕΞΑΝΔΡΟΥ** Victoire debout tenant une couronne. Statère. N.

18. —Tête d'Hercule.— ℞ **ΑΛΕΞΑΝΔΡΟΥ**. Jupiter Ætophore assis. Petit module. — PHILIPPE III. Sa tête. — ℞. **ΦΙΛΙΠΠΟΥ**. Cavalier, petit module. Æ. 3 ps.

THESSALIE.

19. THESSALI. Tête de Jupiter. — ℞. **ΘΕΣΣΑΛΩΝ**. Pallas debout. . . . **ΙΣΚΟΥ ΚΛΕΙΠΠΟΥ**. — LARISSA, homme arrêtant un taureau par les cornes. **ΛΑΡΙΣΑΙΑ**. Cheval libre au galop, à droite. — ℞. Cheval au galop à gauche. Æ. 3 ps.

ILLYRIE.

20. DYRRACHIUM. **ΜΕΝΙΣΚΟΣ**. Vache allaitant un veau. — ℞. **ΔΥΡ**. Jardin d'Alcinoüs. — Autre avec **ΣΟΙΛΟΣ**. EPIRE. Tête de Jupiter. —℞. **ΑΠΕΙΡΟΤΑΝ**. Aigle sur un foudre. PHOCIDE. Tête de bœuf de face. — ℞.Tête de sanglier dans un carré. Æ. 4 ps.

ATTIQUE.

21. ATHENES. Tête de Minerve. — ℞. AOE. Chouette. 4 ps., ancien style, grand et petit module (sur une des petites la chouette est de face. Æ.

22. AEGINA. (insula). Tortue. — ℞. Carré creux, grand et petit module, ancien style ; 4 ps. Æ.

ACHAIE.

23. CORINTHE. Tête de Pallas. — ℞. Pégase. Tête de femme les cheveux dans un filet. — ℞. Pégase, petit module. SICYONE. Colombe volant. — ℞. Chimère à gauche, petit module ; 3 ps. Æ.

24. ARGOLIDE ARGOS. Partie antérieure de loup. — ℞. A dans un carré. — ARCADIE. Tête de Jupiter. — ℞. Pan sur un rocher. — EUBÉE CHALCIS. — Tête de femme.—℞. ΧΑΛ. Aigle volant tenant un lièvre dans ses serres. — EUBÉE HISTIAEA. Tête de femme. — ℞. ...ΑΙΕΩΝ. Femme sur une proue de vaisseau. 4 ps. Petit module. Æ.

MYSIE.

25. PARIUM. Masque de face. — ℞. ΠΑΡΙ. Bœuf retournant la tête. — PERGAME. Cistophore, 2 ps. Æ.

26. PAPHLAGONIE SINOPE. Tête tourrelée de femme. ℞. ΣΙΝΟΠΕ. Proue de vaisseau. BITHYNIE PYTHOPOLIS. ΠΥ. Bœuf à gauche. — ℞. Carré creux. — CARIE RHODES. Tête du soleil. — ℞. ΑΡΓΕΜΩΝ. Rose dans un carré. — IONIE EPHESE. ΑΣΚΛΗΠΙΑΔΗΣ. Cerf près d'un palmier. — ℞. Abeille, 4 ps. Æ.

27. ROI DE PERSE DARIUS. Le roi à genoux tirant de l'arc.—℞. Carré creux. ROI PARTHE ARSACE XXVIII. Tête du roi derrière Β.—℞. Victoire présentant une couronne au roi (ΔΡΥ 494). Médaillon. 2 ps. Æ.

28. ROI DE LA BACTRIANNE APOLLODOTE...
ΣΙΛΕΩΣ ΑΠΟ ΛΟΔΟΤΟΥ. Tête du roi. — ℞. Caractères bactriens, Victoire.

29. ROI DE NUMIDIE. PTOLÉMÉE. Sa tête. — ℞. RAVIC. Massue dans une couronne.

GRECQUES EN BRONZE.

30. CAMPANIE. Cales, Naples trépied, Lucanie Rhegium, Bruttium Valentia, deux cornes d'abondance, Bruttium in genere, aigle. 5 ps.

31. SICILE. Agrigente, Centuripae, Tauromenium trépied, Roi de *Sicile*, Agatocles, Hieron Ier, Hieron II, 6 ps.

32. MACÉDOINE. Amphipolis, roi de Macédoine, Alexandre III, Philippe IV, Cassandre cavalier. 5 ps.

33. ACARNANIE. AEniades, tête d'un fleuve, Epire in genere foudre, Thespie lyre, Attique, Athènes, Megare, Achaïe, Corinthe. 6 ps.

34. MESSÉNIE in genere, Pont Amisus, Bithynie Nicée tête de Gordien III, Alexandria de la Troade, cheval paissant, AEolie Cyme, partie antérieure de cheval. 5 ps.

35. SYRIE. Antioche, Jupiter Nicephore assis, bélier, croissant et étoile, Carthage, buste de cheval devant un caractère phoenicien. 3 ps.

36. MAURITANIE, tête d'un roi avec une longue barbe. — ℞. Cheval libre. 3 ps. en bronze et 4 en plomb.

37. ÉGYPTE. Alexandrie, Hadrien, Gallien, Claude le Gothique, Salonine, Probus. 5 ps.

DIVISIONS D'AS.

38. *Triens*. Deux épis de blé. — ℞. Main. — *Quadrans*. Tête d'Hercule. — ℞. Proue de vaisseau. 2 ps.

39. *Semis.* Dessous la proue ROMA.— *Quadrans.* Proue de vaisseau. *Sextans.* Tête de Mercure, Uncia proue, (as réduits. 7 ps.).

MÉDAILLES ROMAINES.

CONSULAIRES EN BRONZE.

40. CASSIA. MB. — Clovia, tête de la Victoire, MB, Calpurnia as, victoire au-dessus de la proue de vaisseau, Gallia GB. 4 ps.

41. JUNIA as, Naevia PB, Papiria as, Quinctia MB. 4 ps.

42. RUBRIA as, Terentia as, Tituria as, 3 ps.

CONSULAIRES EN ARGENT.

43. ACILIA. Hygie, *Aemilia* 4 personnages au pied d'un trophée, *Antestia*, quadrige, Dioscures, *Antonia*. Légions III, XVII, XX. 7 ps.

44. BAEBIA. Quadrige, *Calpurnia*, *Carisia* bige, *Cassia*, tête voilée, *Claudia*, trige. 5 ps.

45. CLAUDIA. Tête du soleil. — ℞. P · CLODIVS · M · F. Croissant et cinq étoiles (Cohen, pl. XII, N. 7. A/. 1 p.

46. CLOULIA. Quinaire, *Cordia*. Vénus tenant une balance; *Cornelia*, bige, victoire couronnant un trophée (quinaire); *Crepusia*, cavalier, 6 ps.

47. CURIATIA, *Domitia* bige; *Egnatuleia*, *Fabia* quadrige, *Fannia*, 5 ps.

48. FONTEIA, l'Amour sur un bouc; *Flaminia* bige ; *Furia*, Minerve couronnant un trophée; *Herennia*. 4 ps.

49. JULIA. CAES · DIC · QVAR. Tête de femme. —℞. COS QUINC dans une couronne. (Cohen, pl. XX, n. 19. A/.

50. — Énée portant son père Anchise , deux mains tenant un caducée (quinaire), Éléphant, *Junia*. Dioscures, Brutus et les licteurs, 5 ps.

51. **LICINIA.** Quadrige, *Lucretia*, *Manlia*, *Marcia* bige, satyre, *Memmia*, 6 ps.

52. **MINUCIA** deux augures; *Postumia* HISPAN; *Naevia*, *Papia*, griffon; *Plautia* dioscures, *Pomponia* bige, 6 ps.

53. **PORCIA.** Bige; *Postumia* quadrige; chien courant, *Renia*, *Rubria*, Carpentum, victoire (quinaire). 7 ps.

54. **SAUFEIA**, *Scribonia*, *Sergia*, *Servilia*, deux cavaliers combattants, Titia, Tituria, enlèvement des Sabines. 6 ps.

55. **VIBIA.** Quadrige, *Valeria*, Mars debout, *Volteia*, Cérès traînée par deux serpents. 3 ps.

IMPÉRIALES D'ARGENT.

56. **AUGUSTE.** *Tibère*, 4 ps.

57. **DRUSUS** junior. Sa tête.—℞. Tête de Caligula. 1 p.

58. **NÉRON.** Tête jeune.—℞. PONTIF · MAX · TR · P · X · COS · III · P · P · EX · SC. Guerrier le pied sur un rocher, tenant un bouclier. ℵ. 1 p.

59. **NÉRON.** Higie assise, *Galba* Victoire debout, 2 ps.

60. **OTHON.** SECVRITAS · P · R. femme debout, 1 p.

61. **VITELLIUS.** La Concorde assise. — *Vespasien*, instruments de sacrifice; corbeille avec des épis; *Titus*, Neptune debout. 5 ps.

62. **DOMITIEN.** Pallas debout; Pallas sur une proue de vaisseau; *Nerva*, deux mains jointes, instruments de sacrifice. 5 ps.

63. **TRAJAN.** *Hadrien*, Hygie, le Nil, etc. *Sabine*, Vesta assise. 8 ps.

64. **ANTONIN.** TR · POT · COS · IIII, Rome Nicephore assise ℵ. 1 p.

65. **ANTONIN.** Instruments de sacrifice, etc. *Faustine mere*, consécration, paon, etc. 8 ps.

66. **MARC AURÈLE.** ℞. Tête d'Antonin; instruments de sacrifice; *Faustine jeune.* Hygie, PUDICITIA. 8 ps.

67. **VÉRUS**. La Fortune : captif assis. *Lucille*, la Concorde assise, *Commode*, Hygie assise ; tête avec la peau de lion. — ℞. HERCVLI · ROMAN · AVGV. Massue, 6 ps.

68. **SEPTIME SEVÈRE**. FVNDATOR · PACIS, *Julia Domna* MATER · DEUM. Cybèle assise ; *Caracalla*, la Providence debout. 8 ps.

69. **GÉTA**. La Félicité debout ; *Elagabale*, Victoire debout ; *Maesa* SAECVLI · FELICITAS, femme debout ; *Sévère Alexandre*, *Mamee*, Junon assise, Junon debout, *Maximin*. 8 ps.

70. **GORDIEN III**. 12 ps.

71. **GORDIEN III**. 12 ps.

72. **GORDIEN III**. — *Philippe père*, 12 ps.

73. **PHILIPPE PÈRE**. 12 ps.

74. — Otacille, *Philippe fils*, *Trajan dèce*, 10 ps.

75. — Etruscille, *Trebonien galle*, *Volusien*, *Valérien père*. 12 ps.

76. **VALÉRIEN JEUNE**. JOVI · CRESCENTI, *Antonin* restitution de Gallien ; *Gallien*, *Salonine*, *Postume*. 10 ps.

77. **LIBIUS SÉVÉRUS III**. VICTORIA · AVGGG. Rome nicéphore de face assise. (Æ Sol). 1 p.

78. **ALEXIS L'ANGE COMNENE**. Buste de face de l'empereur. — ℞. Le Christ assis (argent concave, de Saulcy bysantines, pl. XXX, n. 1). 1 p.

GRANDS BRONZES ROMAINS.

79. **AUGUSTE**. DIVI. F. Sa tête devant une étoile. — ℞. DIVOS · IVLIVS dans une couronne. 1 p.

80. **AGRIPPA ET AUGUSTE**. Colonie de Nismes rare en GB.). *Tibère* sans la tête. — ℞. Carpentum. 2 ps.

81. **CALIGULA**. La Piété assise. — ℞. Sacrifice devant un temple, *Trajan* Hygie assise. 2 ps.

82. **TRAJAN**. L'Abondance debout. *Hadrien*, l'Abon-

dance debout, ADVENTVS..... deux figures debout,
Antonin Mausolée, la Félicité debout. 5 ps.

83. ANTONIN. Rome assise, foudre, mausolée, *Faustine mère*. AVGVSTA. Femme debout. 5 ps.

84. MARC AURÈLE. Monceau d'armes; *Vérus*, les deux empereurs se donnant la main; *Lucille*, Vénus debout; Diane Lucifère debout. 5 ps.

85. COMMODE. La Sécurité assise; *Crispine*, Vénus assise; *Dide Julien*, la Fortune debout. 4 ps.

86. SEPTIME SÉVÈRE. La Fortune; *Julia Domna*, Junon; *Caracalla*, la Providence debout; *Pupien*, la Providence debout. 4 ps.

87. SÉVÈRE ALEXANDRE. *Mamée, Maximin Ier, Gordien III.* 6 ps.

88. PHILIPPE père. *Otacille, Trebonien galle, Postume*, 8 ps.

MOYENS BRONZES ROMAINS.

89. AUGUSTE. Agrippa et Auguste; colonie de Nismes. 6 ps.

90. AGRIPPA. *Tibère, Germanicus, Claude.* 6 ps.

91. CLAUDE. *Antonia, Néron*, Victoire. 6 ps.

92. NÉRON. Petit module. *Vespasien*, aigle; *Domitien*, Pallas debout; *Nerva*, la Fortune debout; la Liberté debout. 7 ps.

93. TRAJAN. Victoire, *Hadrien, Antonin*, DIVO · PIO. Colonne, Cérès assise; la Fortune debout. 6 ps.

94. FAUSTINE MERE. Cybèle sur un globe; Augusta, femme debout, croissant et sept étoiles, CONSECRATIO femme debout. 6 ps.

95. VÉRUS. Les deux empereurs se donnant la main; *Crispine*, Junon debout; *Elagabale*, quadrige; *Trajan dèce, Aurélien, Severine.* 6 ps.

MÉDAILLES FRANÇAISES.

TRIENS MÉROVINGIENS.

96. *Chalons-sur-Saône* (combrouse, monétaires mérovingiens, pl. 18 , n. 17. Æ.

97. AVNCS · MO. Tête laurée. — ℞. AVSUMA... Croix cantonnée de 4 annelets. — Æ.

98. CNSIATC. Tête casquée. — ℞. TIAEE · CM , dans un carré TOT · XX... electrum.

99. Tête informe. — ℞. Vestiges de légende, dans un carré ΓΟΓ · ⊥. Æ.

SECONDE RACE.

CHARLEMAGNE.

100. CAROLVS en deux lignes. — ℞. PVSEPG. en légende circulaire; au centre une rosace. (Variété de fougère et Comb. 16.)

101. **BOURGES.** CARLUS · IMP · AUG. Croix. — ℞. BITVRIGES · CIVIT. Monogramme de Charles.

102. **TOULOUSE**. CARLVS · REX · FR. Croix. — ℞. TOLOSA. Monogramme de Ch.

LOUIS LE DÉBONNAIRE.

103. **DORESTADT.** H · LVDOVVICVS · IMP · AVG. Tête laurée à droite. — ℞. DORESTATVS. Vaisseau.

104. **MELLE.** H · LVDOVVICVS · IMP. Croix. — ℞. METALLVM en deux lignes.

105. — — ℞. METALLVM en légende circulaire.

CHARLES LE CHAUVE.

106. **BOURGES.** CARLUS · REX · FR. Croix. — ℞. BITVRICAS. Mon. de Ch.

107. LISIEUX. GRATIA · D · I · REX. Mon. de Ch. — ℞. ICSOVINI · CIVIT. Croix.

108. ORLEANS. GRATIA · D · I · REX. Mon. de Ch. — ℞. AVRELIANIS CIVITAS. Croix.

LOUIS LE BÈGUE.

109. TOURS. MISERICORDIA · D · I · REX. Dans le champ monog. de Louis. — ℞. TVRONES · CIVITAS. Croix.

CARLOMAN.

110. ST-NAZAIRE D'AUTUN. KARLCTIO. Dans le champ RX. — ℞. MONT · S · NAS. Croix.

111. LIMOGES. CARLEMAN · RX. Croix. — ℞. LIMOVV · CIVIS. Monog.

CHARLES LE GROS.

112. CLERMONT. CARLVS REX (légende rétrograde). Croix. — ℞. CLAROMVNT. Ch. en monog.

EUDES.

113. LIMOGES. GRATIA · D · I · REX. Dans le champ ODO entre deux croix. — ℞. LIMOVICAS · CIVIS. Croix.

114. TOURS. MISERICORDIA · DH. Monog. d'Eude. — ℞. H · TVRONES · CIVITAS. Croix.

LOUIS III.

115. MELLE. LUDOVVIC en deux lignes. — ℞. METAL-LUM. Croix.

ARNOULD.

116. MAYENCE...O..FVS · REX. Croix cantonnée de quatre points. — ℞. MOA... A · CIVIS. Temple.

TROISIÈME RACE.

ROBERT LE PIEUX.

117. *Tours*. MISERICORDIA · DI. Dans le champ monog. de Robert. — ℞. TVRONES, CIVITAS. Croix.

HENRI Ier.

118. *Paris*. HAINRICVS REX. Dans le champ A-Ꞷ. — ℞. RISIUS · CIVIT. Croix.

PHILIPPE Ier.

119. *Etampes*. PHILIPPUS REX. Portail. — ℞. CASTELLVM · STAMPIS. Croix cantonnée de deux S.

120. *Senlis*. PHILIPPVS REX. Croix cantonnée de deux S. — ℞. SILNECTIS · CIVITAS. Dans le champ un monog.

LOUIS VI.

121. *Orléans*. LUDOVICUS · REX · I. Portail. — ℞. AVRELIANIS · CIVITAS. Croix cantonnée d'un A et d'un O.

122. *Pontoise*. LVDOVICVS REX. Dans le champs deux pals avec A-Ꞷ. — ℞ PONTISIARCI. Croix.

LOUIS VII.

123. *Mantes*. LUDOVICVS REX. Croix cantonnée de deux O. — ℞. CASTRUM · MAT. Deux croisettes et deux annelets.

124. *Paris*. LVDOVICVS REX. Dans le champ FRANCO en deux lignes. — ℞. PARISII CIVIS. Croix.

125. Le mot FRANCO se lit rétrograde.

PHILIPPE AUGUSTE.

126. *Arras*. PHILIPPVS REX. Dans le champ FRANCO en deux lignes. — ℞. ARRAS CIVIS. Croix.

127. *Paris.* PHILIPPVS REX. Dans le champ FRANCO en deux lignes. — ℞. PARISII · CIVIS. Croix.

LOUIS IX.

128. *Gros tournois.* (Lcb. p. 168, n. 6).
129. *Denier tournois.* (Leb. p. 168, n. 7).

PHILIPPE III.

130. *Demi-masse.* PHILIP · DEI · GRA · FRANCHORV · REX. Le roi avec une main de justice assis sur un pliant accosté de deux lis. — ℞. XRE · VINCIT, etc. Croix feuillue avec un lis à chaque canton (Leb. p. 159, n. 2.) Ꝏ.

PHILIPPE IV.

131. *Masse.* PHILIPPVS · DEI · GRATIA · FRANCHORUM · REX. Le roi assis sur un pliant, tient une fleur de lis, et la main de justice. — ℞. XRE · VINCIT, etc. Dans un cercle à ogives, une croix trifoliée, cantonnée de quatre fleurs de lis (Leb. p. 180, n. 1.) Ꝏ.
132. PHILIPPVS REX. Croix trifoliée. — ℞. MONETA DUPLEX. Dans le champ. REGALIS. En deux lignes au-dessus une fleur de lis. PHILIPPVS REX. Croix cantonnée d'une fleur de lis. — ℞. MONETA · REGAL. Chatel accosté de deux lis. 2 ps.

CHARLES LE BEL.

133. *Aignel.* K · L · REX, sous les pieds de l'agneau nimbé.—℞. XRE · VINCIT, etc. Croix feuillue et trifoliée dans un cercle à ogives. Ꝏ.
134. *Royal.* KOL · REX · FRACOR. Le roi sous un portail à six fuseaux. — ℞. XRE, etc. Croix feuillue dans un cercle à quatre ogives.

135. *Gros tournois.* KAROLVS REX. Croix SIT · NOMEN, etc.
— ℞. TVRONVS CIVIS. Chatel surmonté d'une couronne.

136. *Demi-gros tournois.* KAROLUS REX. Croix. SIT NOMEN, etc. — ℞. FRANCORUM. Châtel.

PHILIPPE VI.

137. *Écu.* (Leblanc, p. 206, n. 3.) N.

138. *Pavillon.* (Leb. p. 206, n. 5.) N.

138 bis. *Ange.* (Leb. p. 206, n. 8.) N.

139. *Double royal.* PH · DEI · GRA · FRANC · REX. Le roi assis, etc. (Leb. p. 206, n. 7. N.)

140. *Chaise.* PHILIPPVS · DEI, etc. (Leb. p. 206. n. 9).

141. *Gros tournois.* (Leb. p. 208¹, n. 2).

142. *Gros* à la couronne. (Leb. p. 208, n. 3).

143. *Demi-gros tournois.*

144. *Quart-gros tournois.*

145. *Double parisis.* (Leb. p. 208 ², n. 1.

146. *Denier tournois.* — ℞. TVRONVS · CIVIS. Châtel.

JEAN II.

147. *Mouton.* AGN · DEI · QVI, etc. Sous le mouton nimbé IOH · REX. (Leb. p. 216, n. 3.) N.

148. *Royal* IOHES, etc. Le roi debout sous un portail, etc. Leb. p. 216, n. 1.) N).

149. *Franc à cheval.* IOHANNES, etc. (Leb. p. 216, n. 6.) N.

150. *Florin.* FRANTIA. Fleur de lis. — ℞. S · IOHANNES · B. Saint Jean-Baptiste debout. N.

151. *Gros tournois.* — ℞. FRANC. Dans le champ entre deux couronnes (Leb. p. 216, n. 1.

152. *Gros au châtel* surmonté d'une couronne. (Leb. p. 216, n. 4.) Argent fin.

153. *Gros blanc* FRANCORV · REX, en deux lignes, sous une couronne (Leb. p. 217, n. 4).

154. *Gros tournois.* FRANCORV · REX. Trois fleurs de lis, au-dessus une couronne.

155. *Gros blanc* aux fleurs de lis. FRANCORUM · REX. Sept fleurs de lis dans le champ. (Leb. p. 217, n. 10).

CHARLES V.

156. *Fleur de lis.* KAROLVS · DEI, etc. Le roi tenant une épée et une main de justice, debout sous un portail à deux fuseaux. (Leb. p. 234, n. 3.) N.

157. *Gros blanc au K couronné.* (Leb. p. 234, n. 1.

CHARLES VI.

158. *Royal* KAROLVS, etc. Le roi debout avec le manteau royal, tenant le sceptre et la main de justice. (Leb. p. 238, n. 1.) N.

159. *Aignel.* K · F · RX, sous le mouton nimbé (Leb. 238, n. 4.) N.

160. *Gros tournois.* Trois fleurs de lis sous une couronne. (Leb. p. 238 ^{2}, n. 6).

161. *Blanc et demi-blanc,* trois fleurs de lis dans un écusson. (Leb. p. 238 ^{3}, n. 1).

162. *Petit blanc à l'écu,* pièce très-rare; à ce sujet consulter Lombardy, catalogue Régnault (p. 16, n. 116).

163. *Blanc du Dauphiné.* KAROLVS FRANCORV · REX. Dauphin occupant tout le champ. (Leb. p. 238 ^{3}, n. 8.

HENRI VI.

164. *Salut.* HENRICVS · DEI · GRA., etc. La Vierge et l'ange à mi-corps devant les écussons de France et d'Angleterre. (Leb. p. 244, n. 1.) N.

165. *Blanc.* HENRICVS · FRANCORV · REX. Trois fleurs de lis sous une couronne, accostées de deux léopards.

— ℞. SIT · NOMEN , etc. Croix fleurdelisée, au centre H.

166. *Blanc.* Trois fleurs de lis sous une couronne, sans léopard.

167. *Grand blanc.* HERICVS. Écusson de France et d'Angleterre. (Leb. p. 244, n. 3).

168. *Double tournois.* H · REX · ANG · HERES · FRANC. Léopard; au-dessus une fleur de lis. — ℞. SIT · NOMEN, etc. Croix.

CHARLES VII.

169. *Écu d'or.* KAROLVS, etc. Écusson de France, accosté de deux fleurs de lis couronnées (Leb. p. 246, n. 2.) N.

170. *Gros d'argent.* Trois fleurs de lis sous une couronne. — ℞. Croix fleurdelisée. (Leb. p. 248, n. 1).

171. CAROLVS · FRANCORV · REX. Écusson de France dans un cercle à ogives. — ℞. Croix fleurdelisée dans un cercle à ogives.

172. KAROLVS, etc. Trois lis couronnés et sur une seule ligne (Leb. p. 248 ⁵, n. 3).

173. *Gros et demi-gros.* Grand K couronné, accosté de deux lis (Leb. p. 248 ², n. 7). 2 ps.

174. *Grand Blanc.* KAROLVS. etc. ℞. 3 fleurs de lis dans le champ. (Leb. p. 248², n. 2.

175. — DALPH · VIENENSIS. Dauphin. — ℞ KAROLUS · FRAN · REX. Croix. (Morin, p. 19, n. 2.)

LOUIS XI.

176. *Gros d'argent.* LVDOVICVS · DEI · GRACIA. Trois fleurs de lis sous une couronne — ℞, SIT · NOMEN. croix fleurdelisée. (Leb. p. 250, n. 7).

177. *Demi-gros d'argent.* LVDOVICVS etc. ℞. Ecusson écar-

telé de France et Dauphiné. ℞. SIT., croix cantonnée d'un dauphin et d'une fleur de lis.

178. *Hardy.* Buste du roi tenant un sceptre et une épée.
℞. Croix cantonnée de deux fleurs de lis et deux
hermines. (Leb. p. 250.)

CHARLES VIII.

179. *Écu au Soleil.* KAROLVS, etc., écusson de France, au-
dessus un soleil ℞ croix fleurdelisée. ⩍

180. — KAROLVS. Ecusson rond écartelé de France et
Dauphiné ℞ XRS · VINCIT. croix fleurdelisée. ⩍

181. *Blanc à la couronne.* (Leb. p. 257[1].)

182. *Karolu.* Grand K couronné, accosté de deux fleurs
de lis. (Leb. p. 257.)

183. *Double Tournois du Dauphiné.* KAROLVS, etc. Dauphin
℞ croix cantonnée de deux couronnes et deux
fleurs de lis. — Dauphin et Hermine. ℞ Croix cantonnée de deux fleurs de lis et de deux couronnes.
2 ps.

184. *Karolus du Dauphiné.* Grand K couronné, accosté
d'une fleur de lis et d'un dauphin. ℞ croix dont les
bras sont terminés par une couronne, dans les cantonnements de la croix deux fleurs de lis et deux
dauphins.

185. *Gros de Pise.* CAROLVS · REX · PISANORVM · LIB.
Écusson de France, accosté d'un K et d'un L. ℞
— PROTEGE · VIRGO · PISA. La Vierge assise tenant
l'enfant Jésus.

LOUIS XII.

186. *Ecu au Soleil* LVD etc. frappé à Montferrand. (Leb.
258, n. 1.) ⩍

187. *Écu du Dauphiné.* LVD, etc. Ecusson écartelé de deux
dauphins et six fleurs de lis. (Leb. p. 258, n. 3.)

188. — Pièce semblable, frappée à Embrun ⩍.

2

189. *Grand Blanc.* Ecusson accosté de deux fleurs de lis couronnées. ℞ croix cantonnée de deux L et deux fleurs de lis. Frappée à Montferrand.

190. *Blanc de Provence.* LVDOVICVS, etc. Ecusson accosté de deux L ℞ — SIT · NOMEN, etc. Croix de Provence, quatre croisettes dans les cantonnements.

191. *Teston de Milan.* LVDOVICVS · D · G · FRANCORVM · REX. Buste du roi à droite. — ℞ MEDIOLANI · DVX. Saint Ambroise à cheval, dessous écusson de France·

FRANÇOIS Iᵉʳ.

192. *Écu d'or au Soleil.* FRANCISCVS · DEI., etc. Ecusson ℞. Croix cantonnée de deux F couronnés, frappé à Lyon. ₳

193. *Demi-écu d'or.* Semblable à la pièce précédente, après FRANCORVM · REX, les lettres G. C. — ℞ croix fleurdelisée, accostée de deux fleurs de lis et deux F.

194. *Ecu d'or pour la Bretagne.* La légende se termine par BRITONVM · DVX. écusson accosté de deux porc-épics. ℞ croix cantonnée de deux hermines couronnées et deux A couronnés pour désigner Anne de Bretagne. ₳

195. *Teston.* Buste avec la couronne de fer, frappé à Limoges. — Buste couronné fr. à Lyon. — Demi-teston fr. à Rouen, 3 ps.

196. *Teston,* fr. à Limoges, Lyon, Poitiers, 3 ps.

197. — fr. à Lyon, à Poitiers. 2 ps.

198. *Quart* de *Teston pour Génes.* FRANCISC · REX · FRANCOR. porte de la ville. — ℞ CONRADVS · REX · ROMANOR. croix.

HENRI II.

199. *Double Henri d'or.* Tête nue (Leb., p. **268**, n. **7,**) fr. à Tours.

200. *Henri d'or.* Tête nue, fr. à Rouen.

201. — — fr. à Paris.

202. *Demi Henri d'or.* fr. à Saint-Lô.

203. *Testons*, fr. à Paris, Bayonne, Toulouse. 3 ps.

204. — fr. à Lyon. 2 ps.

205. *Blanc*, fr. à Lyon, la Rochelle, — Blanc du Dauphiné, écusson écartelé de France et Dauphiné, 4 ps.

CHARLES IX.

206. *Écu d'or au Soleil*, fr. à Compiègne, A ω dans le centre de la croix.

207. *Teston*, fr. à Bayonne, Rouen, Toulouse, 4 ps.

208. *Teston* fr. à la Rochelle, Troyes, — Blanc, trois fleurs de lis sous une couronne, fr. à Bordeaux, 3 ps.

FRANÇOIS II.

209. *Médaille de Sacre.* FRANCISCVS · II · D · G · FRANCOR · REX. Buste du roi à genoux. — ℞ REMIS · SACRA · AC · SALVTA · 17 · SEPT · A · D · 1559. Une main tenant la Sainte-Ampoule. (Module du Demi-Teston). Æ.

HENRI III.

210. *Écu d'or* fr. à Poitiers,

211. *Ecu d'or* fr. à Limoges.

212. *Demi-écu d'or.* — 1578.

213. *Franc*, fr. à Toulouse (Leb., p. 270, n. 1.) Demi-franc, fr. à Angers, 3 ps.

214. *Demi-Franc*, fr. à Rouen, Riom, etc. 4 ps.

215. — fr. à Angers, Rouen, Poitiers, Troyes. 5 ps.

216. *Quart d'écu*, fr. à Lyon, la Rochelle, Poitiers, 3 ps.

217. *Pièce de six blancs*, Poitiers, Douzain-Poitiers, Toulouse, double tournois, Paris, 4 ps.

218. *Pié-fort du demi-franc* HENRICVS, etc. Buste dessous

1577. — ℞ SIT · NOMEN. croix fleurdelisée, au centre H ; sur la tranche. PACI · QVIETI · AC · FELICITATI · PUBLICÆ. Æ

219. *Médaille de bronze.* HENRICVS III. etc. Buste dessous 1577. — ℞. FELICITAS. Nymphes dansant devant un lis, au-dessus une victoire apportant deux couronnes.

CHARLES X, CARDINAL DE BOURBON.

220. *Ecu d'or au soleil.* (Leb. p., 273.) N

221. *Quart d'écu*, fr. à Toulouse. (Leb., p. 273.) Æ 3 ps.

HENRI IV.

222. *Ecu d'or.* HENRICVS · IIII. etc. Écu de France. — ℞ CHRISTVS · VINCIT. etc. Croix fleuronnée et fleurdelisée. 1608.

223. *Demi-Ecu d'or*, semblable au précédent 1595.

224. *Demi-Franc.* Poitiers, Limoges, quart de franc. Lyon. 4 ps.

225. — Rouen, Lyon, Toulouse, etc. 5 ps.

226. — Lyon, Toulouse, Amiens, Montpellier, 5 ps.

227. *Quart d'écu.* Saint-Lô, Bayonne, — Quart d'écu du Dauphiné, écusson écartelé de France et Dauphiné. 4 ps.

228. *Douzain*, blanc, doubles tournois, denier tournois. 5 ps.

229. *Pié-fort.* HENRICVS · IIII. Buste à droite, dessous le buste 1607, — ℞ SIT · NOMEN. croix au centre un ; H sur la tranche, PERENNITATI · PRINCIPIS · GALLIÆ · RESTITVTORIS. Æ.

LOUIS XIII.

230. *Ecu d'or.* — Demi-écu d'or (Leb., p. 296). 2 ps.

231. Idem idem idem.

232. *Louis d'or.* LVD. XIII. etc. Buste aux longs cheveux, 1641. — Croix formée par huit L, accostée de fleurs de lis. Paris coin de Varin.

234. *Quart d'écu, huitième d'écu, demi-franc à la collerette,* Rouen, 4 ps.

235. *Écu, demi-écu, quart d'écu, huitième d'écu,* 1642. (Leb. p. 296.) 4 ps.

236. — Lot semblable.

237. *Quart d'écu, Double tournois, Liard.* 4 p.

238. *Piéfort de l'écu,* LVDOVICVS · XIII. etc. Buste lauré. — ℞. SIT · NOMEN. etc. Ecu de France, 1643, sur la tranche EXEMPLVM · PROBATI · NVMISMATIS. Ⅺ.

LOUIS XIV.

239. *Louis.* Tête enfantine, longs cheveux, 1651. — ℞. Huit L couronnés en croix, accostés de quatre lis. (Bessy-Journet, p. 1, n. 7.) ₳

240. *Louis.* Tête juvénile inlaurée, 1668 — ℞. Huit L, etc. (B. Jour. p. 1, n. 13). ₳

241. *Double louis.* Tête laurée, 1713. — ℞ huit L en croix, un soleil dans le carré. (B. Jour. p. XI, n. 29.) ₳

242. *Double louis.* Tête laurée. — ℞ quatre lis couronnés, quatre L. (B. Jour. p. 1, n. 19). ₳

243. *Double louis.* Tête laurée. — ℞ SIT · NOMEN. etc. Ecusson de France, 1691. (B. Jour. p. 1, n. 16.) ₳

244. *Louis.* — Tête laurée. — ℞ SIT. etc. écusson carré, 1692. (B. Jour. p. 1 n. 17.) ₳

245. *Double louis.* Tête laurée, 1703. — ℞ sceptre et main de justice en sautoir, quatre lis couronnés. (B. Jour. p. 11 n. 26.)

246. *Ecu,* demi, quart, douzième. Buste enfantin, poupart aux cheveux courts. — ℞ écusson de France. (B. Jour. p. 3 n. 43, 44, 45, 46, 4 ps.)

247. Une suite semblable, 4 ps.

248. *Demi-écu,* quart, douzième, même type, 4 ps.

249. 4 *sols*. Buste lauré 1693. — ℞. 2 L enlacés sous une couronne, trois fleurs de lis. (B. Jour. p. 4, n. 72 ;) — 4 sols, tête aux cheveux longs ℞. Croix formant un losange, au centre D. 1675. (B. Jour. p. 4, n. 75.) 3 ps.

250. 20 *sols*, 10 *sols*, 5 *sols*. Buste du roi, 1707 ℞. Sceptre et main de justice en sautoir, cantonnés d'une couronne et de trois fleurs de lis (B. Jour. p. 10, n. 162, 163, 164).

251. Lot semblable, 4 ps.

252. *Écu, demi-écu*. Buste inlauré et costumé, ℞. écusson de France. (B. Jour. p. 4, n. 66, 67.) 3 ps.

253. *Écu Carambole*. Buste sénile inlauré, ℞ écusson carré, écartelé de France, ancienne et nouvelle Bourgogne. (B. Jour. p. 7, n. 116.)

254. *Ecu aux trois couronnes*. Buste inlauré, ℞ trois couronnes accostées de trois fleurs de lis (B. Jour., p. 6, n. 94).

255. Buste vieux inlauré. ℞ écusson brisé par les sceptres et mains de justice. (B. Jour. p. 5, n. 85.)

256. *Demi-écu*. Buste inlauré. — ℞. Écusson aux palmes. (B. Jour. p. 5 n. 82.) Demi écu. — ℞. huit L couronnés en croix. (B. Jour. p. 5, n. 77) 2 ps.

257. *Ecu* émis pour 44 sols. Buste du roi. — ℞. MONETA · NOVA · ARGENTINENSIS. Écusson de France. 1709. 1713. (B. Jour. p. 11, n. 190) 2 ps.

258. *Ecu* émis pour 34 sols 6 deniers. Écusson rond de France. — ℞. MONETA · NOVA · ARGENTINENSIS. Grande fleur de lis occupant tout le champ. (B Jour. p. 11, n. 184.)

259. Demi-douzain, 30 deniers, 15 deniers, denier pour Barcelone, liard de France, pièce de 11 deniers. 10 ps.

260. *Pié-fort* de la pièce dite six deniers ou Dardenne, six L couronnés formant triangle. — ℞. Six deniers de France 1710. Croix contournée et fleurdelisée; sur la tranche on lit *dénier fort*.

LOUIS XV.

261. *Louis*, buste enfant, une couronne sur la tête. — 4 écussons en croix, France et Navarre, 1717.

262. *Louis*, buste enfant lauré. — ℞ Croix de Malte.

263. Pièce semblable.

264. *Louis à lunettes, Demi-louis à lunettes.* 3 ps.

265. *Ecu au bandeau*, tête à gauche avec de longs cheveux. — ℞. Écusson rond (pièce à fleur de coin).

266. *Écu.* Tête jeune laurée. — ℞ Écusson carré, 1720, 1724; quart écu, 1720. 3 pièces.

267. *Ecu.* Tête jeune laurée. — ℞. Huit L en croix, accostés de 4 couronnes, 1725. 2 pièces.

268. *Louis d'argent.* — ℞. CHRS · REGN. etc. Huit L en croix, accostés de quatre lis.

269. *Écu*, buste jeune. — ℞. Écu mi-partie France et Navarre, 1718. — XX sous 1719. 3 ps.

270. *Écu*, demi, quart, huitième, seizième, écusson rond aux palmes 1726. 6 ps.

271. *Écu*, demi, seizième, écusson rond aux palmes, buste plus vieux, 1772. 3 ps.

272. *Écu*, demi-écu au même type 1765, 1772. 3 ps.

273. *Demi-Écu*, buste jeune. — ℞. MONETA · NOVA · ARGENTINENSIS. Écusson carré, 1716. 2 ps.

274. *Blanc*, 2 L enlacés 1741. Sol et demi-sol. 6 ps.

275. *Sol*, demi-sol, IIII deniers. Sol des Colonies françaises, deux L sous une couronne, 1722, sceptre et main de justice en sautoir, 1767, 5 ps.

LOUIS XVI.

276. *Louis.* Tête à droite dessous 1793. — ℞. REGNE · DE LA · LOI. Génie écrivant la constitution.

277. *Demi-Louis dit à lunettes.* 1777, pièce très-rare.

278. *Écu dit de Calonne*, gravé par Droz, essai. — ℞. 3 fleurs de lis dans deux L enlacés, au-dessous d'une couronne, 1786.

279. *Écu*, demi, quart, huitième, seizième, à l'écusson rond. 5 ps.

280. Lot semblable. 5 ps.

281. Lot semblable, l'écu est contre-marqué aux armes de Berne, un ours. 7 ps.

282. 30 *sols*, 15 *sols*. Tête du roi. — ℞. Génie écrivant. 1791. 3 ps.

283. *Écu constitutionnel*. Tête du roi, 1792. — ℞. Le génie, demi-écu. 2 ps.

284. 2 *écus* et demi-écu semblable, 1792. 3 ps.

285. *Écu* avec la tête 1793, le génie, etc.

286. *Sol, demi-sol, liard*. Buste du roi. — ℞. Écusson de France de différentes années, 14 ps.

287. 12 *deniers*, b. 3 Tête du roi. — ℞. Faisceau surmonté du bonnet phrygien dans une couronne, 1791, 1792. 8 ps.

288. 2 *sols*. Buste du roi. — ℞. Faisceau surmonté du bonnet phrygien dans une couronne. 1791, 1792, 1793. 5 ps.

289. *Sol à la balance*. Tables de la loi. — ℞. Balance dans une couronne, 1793. 2 ps.

290. Fédération martiale tenue à Lyon le 30 mai 1790. La liberté marchant. — ℞. Le patriotisme et la liberté nous ont réunis. Faisceau, caducée, bouclier, etc.

291. *Métal de cloche*. Écusson avec trois fleurs de lis, écusson avec un faisceau. — ℞. La nation, etc. (Hennin, pl. XXVI, n. 288.)

292. *Dixain*, métal de cloche. 1791 dans une couronne. (Hennin, pl. XXXI, n. 336.)

293. *Médaille de confiance* de deux sols, etc. La liberté assise. — Caisse de Bonne foy, deux mains soutenant deux piques surmontées d'un bonnet de la liberté. — Deux sous de Cayenne. 3 ps.

294. *Métal de cloche*, tête de la liberté. — ℞. A la convention nationale par les artistes de Lyon. (Hennin, pl. XXXVII, n. 307.)

295. *Monneron.* Médaille qui se vend cinq sols, etc. (Hennin, pl. XXXII, p. 340.)

296. *Monneron à l'hercule*, l'an IV de la liberté. (Hennin, pl. LXII, n. 434.)

297. — *Médaille* qui se vend deux sols. La liberté assise. (Hennin, pl. LXII, n. 436.)

298. Lefèvre, Lesage et Cie, pour cinq sols à échanger en assignats, etc. Bon pour sept sols à échanger à la manufacture de Crussol, Potter, etc. ℞. 2 ps.

299. Libre, j'offre la paix ; la liberté assise. — ℞. Pièce frappée par le moyen de la virole, etc.

300. *Monnaie* du siége de Mayence, cinq sols, deux sols. 2 ps.

RÉPUBLIQUE.

301. *Louis.* 24 LIVRES , dans une couronne. — ℞. RÈGNE DE LA LOI. Génie de la liberté. 1793.

302. *Ecu.* RÉPUBLIQUE FRANÇOISE · L'AN II. — SIX LIVRES, dans une couronne. — ℞. Génie écrivant, etc. 1793.

302 bis. *Deux sols à la balance*, 1793. — Règne de la loi, Génie. — ℞. Pièce d'essai, 1793. 2 ps.

303. *Sol* de Louis XV, 1767. Contre-marqué R · F. — LA LOI DES FRANÇOIS · RÉPUBLIQUE. La liberté assise. — ℞ Essai an II. 2 ps.

304. *Écu.* AD · VSVM · LUXEMBVRG · CCVALLAT. 1795.

305. *Deux décimes, un décime, cinq centimes*, l'an IV. 7 ps.

306. *Cinq francs*, l'an V. — ℞. VNION ET FORCE.

307. *Un décime* l'an v, *un décime* l'an vii, *cinq centimes,* l'an vii, *un centime,* l'an vi, l'an vii. 5 ps.

308. *République française.* — ℞. Cinq décimes, l'an viii, deux décimes, l'an viii. Essais en billon. **2 ps.** Cinq centimes l'an viii. Æ. 1 ps.

309. *Cinq francs* l'an viii. — ℞. Union et force.

310. *Vingt francs* l'an ix. L'Italie délivrée à Marengo. N.

NAPOLÉON.

311. *Dix centimes à l'N.* 1808 · 1809 · 1810. 3 ps.

312. *Regno d'Italia.* — Soldo, trois centesimi, centesimo. 6 ps.

LOUIS XVIII.

313. *Dix centimes, cinq centimes,* Anvers, 1814. Essai en cuivre jaune pour Louis XVIII.

314. *Un décime,* 1814, pour Strasbourg, essai à L couronné.

315. *Cinq centimes,* 1821. Buste du roi dessous essai. 2 ps.

316. Faisceau dans une couronne. — ℞. Thuillier, fondeur à Nancy. Essai en métal de cloche.

CHARLES X.

317. *Colonies françaises.* Dix centimes, cinq centimes. — 1827, 1828. 4 ps.

HENRI V.

318. *Buste d'Henri V.* — ℞. Un franc, 1831.

LOUIS-PHILIPPE.

319. *Essai* dit à la charte, un décime, cinq centimes, deux centimes, un centime, 4 ps.

320. *Essai* L P couronné. ℞. Dix centimes, 1838. (Lucy de Metz.)

RÉPUBLIQUE.

321. *Concours*, en 1848, pour la pièce de dix centimes, par les meilleurs graveurs. 10 p. variées.

NAPOLÉON III, EMPERÊUR.

322. *Dix centimes*, *deux centimes*, *un centime*, visite de Leurs Majestés à la Bourse, 1853. 9 ps.

———

MONNAIES SEIGNEURIALES FRANÇAISES.

323. *Alby.* — Raimond VII. — R · BONAFOS · , dans le champ A, croisette, crosse. — ℞. ALBIENSIS · croix.

324. — Raimond-Ponçe · RAMOND · croix. — ℞ ALBIECI, dans le champ M.

325. *Anduse.* — Bernard de Sauve, ANDVSIENSIS. Un grand B. — ℞. SALVIENSIS · croix. 2 ps.

326. — DE · ANDVSIA un grand B. — ℞. DE · SALVE. Croix entrant dans la légende. 2 ps.

327. *Anjou.* Foulques V. FULCO · COMES. Croix. — ℞ VRBS · AIDECSVS. Monog.

328. — Geoffroy V. GOFRIDVS · COS. Croix. — ℞. VRBS · AIDGA. Monog. Denier et obole. 2 ps.

329. — Charles Ier. KAROLVS · COMES · croix. — ℞. AN-DEGAVENSIS. Une clef et une fleur de lis. Denier, obole. 3 ps.

330. *Angoulème.* LODOICVS. Croix. — ℞. EGOLISSIME, 4 Annelets et croisette au centre. Sol d'argent, denier, obole. 3 ps. — XIe siècle.

331. — LODOICVS. Croix. — ℞. EGOLISSIME. Cinq annelets. Sol d'argent, denier. 2 ps. — XIIe siècle.

332. — 3 annelets et un croissant, au centre une croisette. 2 ps. — XIIIe siècle.

333. *Aquitaine, Sanche, Bordeaux.* — SAN+HIS. Monogramme. — ℞. BVRDIALE. Croix.

334. — Guillaume IX. GVILELMO. 4 croisettes. — ℞. BVRDEGALE. Croix. 2 ps.

335. — Guillaume X. VILLELMO. 4 croisettes. — ℞. BVRDIGALA. Croix. 2 ps.

336. — Eléonord. DVCISIT. 2 croisettes. A. ω. — ℞. AQVITANIE. Croix. 2 ps.

337. — Henri II. — HENRICVS · REX. Croix. — ℞. AQVITANIE, en deux lignes dans le champ. 3 ps.

338. — Richard Cœur de Lion. RICARDVS, en deux lignes dans le champ. — ℞. AQVITANIE. Croix, denier et obole, 3 ps.

339. — Edouard III. EDVARDVS · DEI. etc. Léopard. — ℞. XRE · VINCIT · etc. Croix fleurdelisée, cantonnée de quatre léopards. ₳.

340. — Esterling · EDWAR · REX · ANGL · Tête de face. — ℞ DVX · AQVITANIE · Croix cantonnée de quatre couronnes.

341. — Gros tournois · ED · REX · ANGLIE · Croix. — ℞. DVX · AQVITANIE. Chatel. 2 ps.

342. — · ED · REX · ANGLIE. Croix cantonnée d'une fleur de lis. — ℞. DVX · AQVITANIE. Léopard sous une couronne. 2 ps.

343. — Édouard, prince Noir, pavillon. — ED · PMO · GNS · REGIS · etc. Le prince debout tenant une épée, sous un portail à 4 fuseaux. — ℞. DVS · AJVTOR · PTETOR · etc. Croix fleuronnée dans un double carré à ogives, dans les cantonnements, deux léopards, deux fleurs de lis. ₳.

344. — — Hardy · ED · PO · GNS · REGIS · etc. Le prince à mi-corps, tenant son épée, dans un cercle à ogives. — ℞. AVXILIVM · MEVM · A · DOMINO. Croix fleuronnée, cantonnée de deux fleurs de lis et deux léopards. ₳.

345. — — Gros. ED · PO · etc. Buste à mi-corps du prince. — ℞. PRINCEPS · AQVITAN. Croix cantonnée de douze points. 2 ps.

346. — — Esterlings. Buste de face. — Buste de profil. 2 ps.

347. *Auxerre.* VIᵉ siècle. AVTSIODERCI. Croix. — ℞. Sans légende, croix, denier, obole. 2 ps.

348. *Avignon.* Paul V. PAVLVS · V · PONT · MAX. Buste à droite. — ℞. . . . CARD · LEG · AVE. Croix fleuronnée. 1/4 écu.

349. — Alexandre VII. ALEXANDER · PON., 1657. Armes du pape. — ℞. S · PETRVS · AVENIO. Saint Pierre soutenant un écusson.

350. — Grégoire XIII. — ℞. Charles, cardinal de Bourbon, comme légat, dans le champ son écusson.

351. — Innocent XIII. Buste à droite. — PETRVS · CARD · OTHOBONVS · LEGAT., 1692. Armes du pape.

352. *Bar.* Robert. ROBERTVS · DVX. Florin. N.

353. — — Grand blanc. DEI · GRATIA. Dans le champ grand R accosté de deux fleurs de lis. — ℞. BARRENSIS · DVX. Croix.

354. *Béarn.* Centulle V. CENTVLLO · COMES. Croix. — ℞. ONOR · FORCAS. Dans le champ M · P. Croisette, denier, obole. 2 ps.

355. *Besançon.* Etienne de Vienne. STEPHANVS. Main bénissante. — ℞. CRISOPOLIS. Denier, obole. 2 ps.

356. — Hugues V. STEPHANVS. Main bénissante. — ℞. VESONTIVM. Croix. Dans les cantons HVGO.

357. — Charles V. L'empereur debout. — ℞. Carré avec la légende DVCATVS · CIVIT. 1/4 florin. N.

358. — — Buste de l'empereur. — ℞. Armes de la ville 1639. 1/4 écu et petit module. 2 ps.

359. *Béziers.* Raymond Trincarel. R · TRINCAR. Croix. — ℞. BITIRISCI. Croix cantonnée de B · I et deux annelets.

360. *Blois.* Hugues de Chatillon. H · COMES · BLESI. Croix (obole).

361. — Gui de Chatillon. GVIDO · COMES. — ℞, BLESIS · CASTRO. Croix, denier, obole. 2 ps.

362. *Bouillon.* Guillaume Robert de la Marck G · R · DE LA MARK · D · DE · BOVL · P · R · S · D · S. Armes de France et Bouillon.—℞. NON · EST · CONS · ADVERS. Croix, quart d'écu.

363. *Boulogne.* Renaud de Dammartin. RENAD · COM. Dans le champ BOLVNV. — ℞. BOLVNNE. Croix.

364. *Bourgogne.* Hugues IV. MONETA · HVGONIS. Croix.— ℞. CABVLOT · CIVIT. Dans le champ un grand B accosté de trois annelets et une croisette. 2 ps.

365. — Charles le Téméraire. Florin Saint André. 1 p. N.

365 *bis.* — Marie. Florin Saint André. N.

366. — Marie. Son buste dans le champ ETATIS. 20, ℞. Buste de son époux Maximilien. Dans le champ ETATIS 19. Bel écu.

367. — Philippe le Hardi. PHS · DVX · BVRGON. Fleur de lis. — ℞. Saint-Jean-Baptiste. Florin. N.

368. — — PHILIPPVS. etc. Lion soutenant l'écusson de Bourgogne.—Ecusson coupé par une grande croix. 1/2 blanc.

369. — Philippe le Bon. PHS · DEI · GRA. etc. Lion sous un portail. — ℞. SIT · NOMEN. etc. Écusson de France et Bourgogne traversé par une croix fleuronnée. (Lion.) N.

370. — — PHS. etc. Lion occupant tout le champ debout avec l'écusson sur la poitrine.—Écusson formé des armes de France, Bourgogne et Flandre. 3 ps.

371. *Bretagne.* Etienne Ier de Penthièvre. STEPHAN · CO. Croix. — ℞. GVINGAMP. Tête informe.

372. — Jean I. CASTRI · GIGAMPI. Croix. — ℞. DVX · BRITANNIE. Denier, obole, 3 ps.

373. — Conan IV. CONANVS dans le champ IVS. — ℞.
REDONIS croix. 2 ps.

374. — Geoffroy II. GAVFRIDVS. Croix. — ℞. BRITANIE
DVX. Fleur de lis. 2 ps.

375. — Nantes, anonyme, XIIᵉ siècle. BRITANIE croix. —
℞. NANTIS. 2 ps.

376. — Rennes, anonyme, XII ᵉsiècle. BRITANIE DVX,
— ℞. REDONIS CIVI, croix. 2 ps.

377. — Charles de Blois. KAROLVS · DEI · GRA. Croix.
— ℞. BRITANIE · DVX. Trois fleurs de lis sous une
couronne. 2 ps.

378. — Jean IV. IOANNES. etc. Dans le champ neuf
fleurs de lis. — ℞. SIT · NOMEN. etc.; croix. (Blanc.)
2 ps.

379. — François II. FRANCISCVS · DEI · GRATIA. Cavalier armé. — ℞. DEUS · IN · ADJVTORIVM. etc. Croix
cantonnée de quatre hermines dans un cercle à
ogives. ℳ.

380. — FRANCISCVS. etc. Écusson avec sept hermines.
— ℞. Croix trifoliée, dans le centre F. Blanc.
2 ps.

381. *Brabant.* Jean IV. AGN · DEI. etc. Mouton nimbé,
dessous IOH · DVX. — ℞. Croix dans un cercle à
ogives, cantonnée de quatre fleurs de lis. (Double
agnel.). ℳ.

382. — — Agnel, moitié de la pièce précédente. ℳ.

383. — — I · DVX · LIMBVRGIE. Tête de face. — ℞.
BRABANTIE · DVX (esterling). 2 ps.

384. — DVX · BRABANTIE. Écusson avec lion debout. —
℞. Double croix dans les cantons VALT.

385. — François d'Alençon. FRAN · P · FRAN · D · G · CO
· FLAND. Son buste. — ℞ ÆTERNVM · MEDITANS ·
DECVS. Écusson de France et de Flandre.

386. *Brioude.* Guillaume IV. VILEMS · COMES. Croix. —
℞. BRIVITIS. Monogramme informe.

587. *Cahors.* CATVRCIS. Croix. — ℞. CIVITAS. Dans le champ T · V et deux croisettes. 2 ps.

588. *Cambray.* Maximilien de Bergues archevêque. M · A, BER · D · G · ARC · EPS. etc. Armes de l'archevêque. ℞. NEC · TEMERE · NEC · CITO. Croix fleuronnée. Plaquette.

589. *Troyes.* BEATVS · PETRVS. Croix et deux points. — ℞. TRICAS · CIVI. Monogramme. 2 ps.

590. *Provins.* Thibault II. TEBAVT · COMES. Croix. — ℞. PRVINIS · CA. Type du peigne. 2 ps.

591. — Thibaut IV. TEBAV · COMES. Croissant dans les cantonnements de la croix. — ℞. PRVINIS · CASTRI. Type du peigne. 2 ps.

592. — Henri I. HENRI · COMES. Croix cantonnée de trois points et d'un V. — ℞. PRVINIS · CASTRI. Peigne.

593. *Troyes.* Henri II. HENRI · COMES. Croix et deux annelets. — TRECAS · CIVITAS. Monog. 2 ps.

594. *Provins.* Henri III. HENRI · COMES. Étoile et trois points dans les cantonnements de la croix. — ℞. CASTRI · PRVINIS. Peigne. Troyes. Étoile et croissant dans les cantonnements de la croix. 2 ps.

595. *Châteaudun.* XIIe siècle. CASTRI · DUNIS. Croix cantonnée de deux S. — ℞. Sans légende, type Dunois. 2 ps.

596. *Chartres.* CARTIS · CIVITAS. Croix. — ℞. Type chartrain.

597. *Château-Renaud.* François de Bourbon et Louise Marguerite de Lorraine. F · BOVRB · LVD · MARGAR. LOT. Écusson mi-partie de France avec la barre, mi-partie de Lorraine. — ℞. IN · OMNEM · TERRAM. SONVS · EORVM. Croix fleurdelisée (quart d'écu).

598. — Louise Marguerite seule. LVDOVICA. Deux écussons de Lorraine. — ℞. Double aigle. IN · OMNEM · TERRAM. etc. Denier.

399. *Clermont.* XIII* siècle, SCA · MARIA. Buste de face. — ℞. VRBS · ARVERNA. Croix.

400. *Châteauroux.* Raoul VI. RADVLFVS. Croix. — ℞. DE-DOLIS. Deux triangles entrelacés, au centre un annelet. 3 ps.

401. — Guillaume Ier. GVILIERMVS. Croix. — DEDOLI. Deux triangles. 2 ps.

402. *Colmar.* Maximilien II. MONETA · NOVA · COLMARIEN-SIS. 1571. Étoile sur une colonne. Écu.

403. *Dreux.* Robert II. ROBERTVS. Dans le champ, en deux lignes COMES. — ℞. DRVCAS · CASTA. Croix.

404. *Cahors.* Evêques. XIe siècle. CATVRCIS. Croix. — ℞. CIVITAS. Crosse et deux croisettes. 3 ps.

405. *Dombes.* Louis. LVDO · D · MONTISP · D · DOMBAR. Buste. — ℞. DNS · ADJVT, etc. 1579. Écu de France barré. Quart d'écu.

406. *Flandres.* Gui. G. COMES · FLADRE. Esterling. Autre avec MONETA · COMITIS. 2 ps.

407. — Arnould. ARNOLDUS · COMES. Esterling. 2 ps.

408. — *Louis de Malè.* LVD · CO · F. Sous un agnel lom-bé. (Mouton). 1 p.

409. — — Le comte assis soutenant un écusson avec un lion debout; imitation de l'écu de Philippe VI. Ꞥ.

410. — — Le comte soutient un écusson avec un double aigle. Écu. Ꞥ.

411. — — LVDOVICVS, etc. Lion heaulmé. — 1/2 lion heaulmé. 3 ps.

412. *Philippe le Bon.* PHS · DEI · GRA. Le comte dans un vaisseau. (Noble à la rose.) Ꞥ.

413. — — PHS. etc. Écusson de France et de Flandres. — Marguerite MARGARETA · COMITISSA, dans une croix. ALOS. — ℞. FLANDRIE · AC · HAYNONI. double aigle. — 2 pièces.

414. *Hainaut.* Jean II · I · COMES · HANONIE. — ℞. MEL-BODIENSIS. Maubeuge (esterling).

415. — Guillaume Ier. GVILELM · COMES. Croix. — ℞. sans légende, monogramme dans un cercle à ogives.

416. — Guillaume II. G · COMES · HANONIE. Grande croix cantonnée de quatre feuilles trilobées. — MONETA · VALENCEN. Lion.

417. — Guillaume III. VILELMVS, etc. Monogramme autour. HANONE · FR. — ℞. MONETA · VALENCENENSIS. Grande croix cantonnée de deux aigles et deux lions.

418. *Lamarche.* Hugues X · VGO · COMES. Croix. — ℞. MARCHIE, une croisette, deux annelets et deux croissants. 2 ps.

419. — Hugues X et Louis d'Angoulême. VGO · COME · MARCH. Croisette et deux croissants. — ℞. LODOICVS · INGOL. Croix.

420. *Liége.* Louis de Bourbon. LVDOVIC · DEI · GRA. Deux lions assis affrontés. — ℞. Écusson de France barré.

421. — Ferdinand de Bavière. FERDINANDVS · D · G, etc. Croix fleuronnée, cantonnée de quatre F. — ℞ EPS · ET · PR · LEO, etc. Écusson. N.

422. *Ligny.* Vallerand. GVALERAND · DNS · D · LINIE. Cavalier. — ℞. MONETA · NOVA · SERENSIS. En seconde légende. SIGNVM · CRVCIS. Croix.

423. *Limoges.* SCS · MARTIALIS. Tête de face. — ℞. LEMOVICENS. Croix.

424. *Luxembourg.* Jean l'aveugle. IOHES · BOEM. Florin. N.

425. — Vallerand. VALERANDVS · DVX. Croix. — ℞. TVRONVS-LVCEB. Chatel, obole.

426. — Winceslas. WENCEL · ROMANOR · BOEM · REX. Aigle éployé. — ℞. MONETA · NOVA · LVCEMBVRGE. Lion dans un écusson sous une couronne.

427. Élisabeth de Gorlitz. ELIZAB., etc. Écusson avec un

heaulme. — MONETA · NOVA · LVCEMBVRGENS. Lion
dans un écusson, coupant une grande croix.

428. *Lyon.* Rodolphe III, roi de Bourgogne. RODOLFVS.
Croix. ℞. LVCVDVNVS. Temple, denier.

429. *Meaux.* Gauthier Iᵉʳ. GALTERVS · EPS. Main bénissante. — ℞ MELDIS · CIVI. Croix.

430. — Burcard. BVRCARD · EPS. Main bénissante. — ℞.
MELDIS · CIVITAS. Croix.

431. — Étienne de la Chapelle. STEPHANVS · EPS. Crosse
entre deux fleurs de lis. — ℞. MELD · CIVITAS. Croix
3 ps.

432. — — STEPHANVS · EPS. Tête à gauche.—℞. MELD ·
CIVITAS. Croix. 2 ps.

433. Pierre Iᵉʳ. — PETRVS · EPISCO. Tête à g.—℞. MELD ·
· CIVITAS. Croix.

434. *Metz.* Adalberon II... Buste à droite.— ℞. Croix cantonnée d'un croissant.

435. — Frédéric de Pluyose. FRIDERIC. Buste à gauche.
— ℞. METENSIS. Croix.

436. — Thierry IV. THEODERIC. Buste à gauche. — ℞. ME-
TENSIS. Croix.

437. Bertrand. BERTRAN. Buste à gauche. — ℞. METENS.
Main bénissante.

438. — Jean d'Apremont. IOHAN. Buste. — ℞..... SIS.
Croix.

439. — Jacques IACOB. Buste. — ℞. METENS. Croix.

440. — Thierry V de Boppard. TEODERIC · EPS · METEN.
L'évêque debout tenant la crosse. — ℞. GROSSVS ·
METES. Grande croix. En seconde légende, BENEDI.
etc. Gros. 2 ps.

441. — — THE · EPS · ME. Buste de face.—℞. MONETA ·
METENS. Grande croix. 1/2 gros.

442. — Robert de Lénoncourt. ROBERTVS · CARD · DE ·
LENONCOVRT. Buste à droite. — ℞. SANCTVS · STE-

PHANVS · METENSIS. Le saint à genoux entre deux écussons. Écu.

443. — Eric de Verdun. ERICA · LOTH · EPS · ET · CO · VIR. Buste à gauche. — ℟. MONET · NOVA · AN · 1610 · CV. Écusson.

444. — Henri. HENRI · D · G · EPVS · METENS. Écusson. — ℟. MONETA · NOVA. Dans le champ H couronné.

445. *Metz.* Cité. MONETA · NOVA · METENSIS · 1629. Double aigle. — ℟. S · STEPHANVS · PROTHOMART. Le saint debout. Ecu.

446. — Quart d'écu au même type. 2 ps.

447. — S · STEPHAN · PROTHO · M. Le saint à genoux entre deux écussons. — ℟. GROSSVS · METE. Grande croix cantonnée de quatre étoiles. Gros. 3 ps.

448. — Quart de gros au même type. 3 ps.

449. — *Monaco.* Honoré III. HONORATVS · III · D · G · PR · MONOECI. Sa tête. — ℟. AVXILIVM, etc. Croix formée par quatre H couronnés, 1735.

450. *Murbach et Lure.* S · LEODEGARIVS. Le saint assis. — ℟. MONETA · NOVA · MVR · ET · LVDR · 1624. 2 écussons, dessous 2 dans une couronne. Billon.

451. *Navarre.* Charles le Mauvais. KAROLVS · REX. Croix. — ℟. DE · NAVARRA. Chatel.

452. — Charles le noble. KAROLVS · REX ; K. Couronné. ℟.... Écusson.

453. — Jean et Catherine. IOANNES · ET · KATERINA. J et K sous une couronne. — ℟. SIT · NOMEN, etc. Croix cantonnée d'un I, d'un K et de deux couronnes.

454. — Jeanne d'Albret. IOANNA · DEI · G., etc. Buste à D. — ℟. GRATIA · DEI · SVM. etc. Écusson cantonné de deux I couronnés. Quart d'écu.

455. — — Pièce semblable. Huitième d'écu.

456. — Henri II. HENRICVS · II, etc. Croix. — ℟. GRATIA ·

DEI · SVM, etc. Écusson 1586 , un autre 1577, armes de Béarn et Navarre. Quart d'écu, 2 ps.

457. — —.HENRICVS II, etc. Buste dessous une vache.— ℞. GRATIA. Et croix fleuronnée, cantonnée de quatre H. 1ǀ2 franc.

458. — — Buste, etc. Écusson mi-partie France , mi-partie Navarre et Béarn. 1ǀ2 franc, 1ǀ4 de franc. 2 pièces.

459. — — Quart d'écu, armes de France et Navarre, armes de Navarre et Béarn. 3 ps.

460. — Henri II et Jeanne. HENRICVS · II · D · G · REX. Buste affronté de Henri II et Jeanne. — ℞. Écusson. 1ǀ2 écu.

461. *Nevers.* Gui. GVIDO · COMES. Faucille. — ℞. NIVER-NIS · CIVIS. Croix. 2 ps.

462. — Hervé. ERVEVS · COMES. Faucille. — ℞. NIVER-NIS · CIVIS. Croix. 2 ps.

463. *Orange.* Bertrand de Beaux. BERTRAN. Croix. — ℞. COMES · EDNE. Etoile.

464. — Guillaume IV. FREDERICVS · IM. Croix. — ℞. PRICEPS · AVRAS. Dans le champ un W. Deux pièces.

465. — Guillaume V. GVILLELMVS · D · G · PRIN · AVR · Buste à droite. — ℞. SOLI · DEO , etc. Ecusson de France, dedans un cor de chasse. Ecu.

466. — Raimond. — ℞. R · DI · GR · AVRA. Grande fleur de lis. Florin. ₳.

467. — Raimond IV. RAMVNDVS · DEI · GRA., etc. Le roi debout sous un portail accosté de fleurs de lis. — ℞. XPIS · VINCIT, etc. Croix fleuronnée dans un cercle à ogives. Franc à pied. ₳.

468. — — R · D · G · P · AVRA. Le roi assis tenant un sceptre. — ℞. Grande croix cantonnée de quatre cors de chasse.

469. — Maurice. MAVRITIVS · I · D · G., etc. Buste à

droite. — ℞. SOLI · DEO , etc. Croix fleurdelisée. 1621. Teston.

470. — Frédéric-Henri. FRED · HENR · D · G., etc. Buste à droite. — ℞. Croix fleurdelisée. 1642.

471. — Poitiers. ALFONSVS · COMES. Croix. — ℞. PIC-TAVIENSIS. Chatel, denier et obole. 2 ps.

472. *Ponthieu.* Guy Ier. WIDO · COMES. Croix. — ℞. ABBA-TIS · VILA. Dans le champ croisette et le mot OTTO.

473. — Guillaume III. VILLELM · COMS. Dans le champ PONTI. — ℞. ABBATIS · VILE. Croix.

474. — Édouard III. EDOARDVS · REX. Croix. — ℞. MO-NETA · PONTI, en deux lignes.

475. *Porcien.* Gaucher de Châtillon. GALCHS · COMES · PORC. Tête de face. — Esterling.

476. *Poitiers.* Richard Cœur de Lion. RICARDUS · REX. Croix. — ℞. PICTAVIENSIS, en trois lignes. Denier et obole. 2 ps.

477. *Sicile.* IC · XC · NIKA , séparé par une longue croix. — ℞. Calice, légende arabe. N.

478. — Roger. + S · ROG. Cavalier. — ℞. MATER · DNI. La Vierge assise tenant l'enfant Jésus. — Tête de lion. — ℞. Un arbre. 2 ps. bronze.

479. — Martin. MARTINVS · D · GRA · REX · SICILIE. Aigle. — ℞. AC · ATHENARVM , etc. Écusson.

480. *Provence.* Alfonse d'Arragon. PROVINCIA: Grande croix. — ℞. ARAGONE. Tête de face. Denier et obole. 2 ps.

481. — — REX · ARAGONE. Tête à gauche. — ℞. POVINCIA. Grande croix. Denier et Obole. 2 ps.

482. — Guillaume de Forcalquier. VILELMVS. Dans le champ. COME. — ℞. PROENCIE. Croix.

483. — Charles Ier d'Anjou. COMES · PVINCIE. Tête lau-rée. — ℞. CIVITAS · MASSIL. Forteresse.

484. — — K · S · IHR · CICIE · REX. Buste cou-ronné à gauche. — ℞. COMES · PROVINCIE. Croix.

485. — Charles II. KAROL · SEG · DEI · GRA · IHRL · ET · SICIE · REX. Le roi assis entre deux lions. — ℞. HO-NOR · REGIS, etc. Croix fleuronnée.

486. — Robert. ROBERT · DEI · GRA · IHR · ET · SICIE · REX. Le roi assis entre deux lions. — ℞. HONOR · REGIS , etc. — Croix fleuronnée, cantonnée de quatre fleurs de lis.

487. — Jean d'Arragon. IOANNES · D · GRA · REX · SICI. Aigle.— ℞.AC · ATHENARVM · ET · NEOPRT.Écusson.

488. — Ferdinand. LEGITIME · CERT · CORONATVS. Buste à droite. — ℞. FERDINANDVS · D · G · R · SICILE.

489. *Le Puy.* PODIENSIS. Rosace. — ℞. Croix. 2 ps. (La légende est assez barbare ainsi que la fabrique de ces pièces.)

490. *St-Quentin.* VIROMENDVI. Dans le champ, ALIENO. — ℞. ST-QUENTINI. Croix.

491. *Rhodes.* Hugues IV. VGO · COMES. Croix. — ℞. RODES · CIVI. Dans le champ, + DVS. 2 ps.

492. *Reims.* Guillaume Ier. ARCHIEPISCOPVS. Dans le champ en deux lignes, GVLERMVS. — ℞. REMIS · CIVITAS. Croix cantonnée de deux fleurs de lis et de deux croissants.

493. — Henri II. ARCHIEPISCOPVS. Dans le champ en deux lignes, HENRICVS. — ℞. REMIS · CIVITAS. Croix.

494. *Riom.* Alphonse. ALFONSVS · COMES. Croix. — ℞. RIOMENSIS. Chatel.

495. *Sens.* SENONES. Croix. — ℞. Sans légende, croix.

496. *Soissons.* Saint-Médard. S · MED. Tête informe. — ℞. CEBAST. Étendard et croix. 2 ps.

497. — — SCS · MEDARDVS. Croix. — ℞. SCS · SEBASTIANVS.

498. — Raoul. RADVLFVS · COMES. Croix. — ℞. SVESSIONIS. Temple.

499. *Clermont-Ferrand.* SCA · MARIA. Buste de face. — ARVERNIS · VRBS. Croix.

500. *Strasbourg.* NVMMVS AVREVS · VRBIS ARCENTINAE. Croix sur un globe. — ℞. La sainte Vierge tenant l'enfant Jésus. N/. Ducat.

501. — MONETA · NOVA · ARGENTINENSIS. Grande fleur de lis. — ℞. SIT · NOMEN, etc. 1696. Écusson de fr. Demi-écu.

502. *Toul.* EC · MONETA · NOSTRA. Tête de face. — ℞. TOLLENGIENLVM. Croix. Esterling varié de. (Robert, pl. VIII, n. 6.)

503. *Toulouse.* Raimond V. RHMON · COMES. Croix. — ℞. TOLOSA · CIVI. Crosse, croisette et M. Denier et obole. 2 ps.

504. — Raimond VII. R · COMES · PALACI. Croix. R · DVX · MARCHIO · PV. Croissant et étoile. 2 ps.

505. — Alfonse de France. A · COMES · TOLOSE. Temple. ℞. MARCHIO · PVINCI. Croix.

506. — Charles, K · FILIVS · REG. Croix. — ℞. TOLOSE · CIVI. Temple.

507. — — K · CO · FIL · R · F. Croix. — ℞. PVINCIALIS. Temple. 2 ps.

508. *Turenne.* Raymond II. — RAMVNDVS. Croix. — ℞. DE · TVRENNA. Quatre croisettes. 2 ps.

509. *Valence.* VRBS · VALENTIAI. Aigle à deux têtes. — ℞. S · APOLLINARS. Croix avec les extrémités terminées en massue, denier et obole. 4 ps.

510. *Vendôme.* VINDOCINO · CAS. Croix. — ℞. Type de la tête, croisettes. 2 ps.

511. — Jean III. IOAN · COMES. Temple. — ℞. VIDOCINENSIS. Croix, obole.

512. — Jean IV. IOAN. Type de la tête. — ℞. VIDONIS · CAS · A. Croix. Obole.

513. *Verdun.* Thierri. TEODERICVS · EPS. Croix. — ℞. SCA · MARIA. Tête de la Vierge.

514. — Erric. ERRICA · LOTH, etc. Tête. R · MONETA · NOVA · AN. 1608. Écusson.

515. — Charles II. CAROLVS · A · LOT, etc. Tête. —
℞. Écusson.

516. *Vienne.* St-Maurice. S · MAVRICIVS. Croix. — ℞. VRBS
VIENNA. Monogramme.

517. —   —   SANCTVS · MAVRICIVS · MAR. Tête
couronnée. — ℞. LEBAS · · · S BERTVS. Croix fleuronnée.

518. — St-Maurice. .S · M · VIENNA. Tête à gauche. — ℞.
Croix cantonnée de trois points. — De quatre points.
Denier et obole. 4 ps.

519. — Guignes. VIII. G · DAL · VIENS. Fleur de lis. (Florin. A/.

520. *Vienne.* Humbert II. HV · DAL · VIENS. Fleur de lis.
(Florin. A/.)

521. —   —   pièce semblable. (Florin. A/.)

522. — Charles V. KROL · DPHS · V. (Florin. A/.)

523. *Viviers.* VIII° siècle. EPISCOPVS. Crosse. ℞ · VIVARII.
Longue Croix. 2 ps.

LORRAINE.

Pièces décrites d'après l'ouvrage de M. de Saulcy.

524. — REN. Figure debout. EPINAL. Épée.

525. Thibault II. T · DVX · LOTHOR, etc. Cavalier. —
℞. MONETA · DE · NANCEI. Épée entre deux aiglons.
PL · II · F · XVI. 3 ps.

526. — F · DVX. Guerrier debout. — ℞. NANCEI. Épée.
(Pl. III, n. 16.) 3 ps.

527. Ferry IV. F · DVX. Guerrier. — ℞. NANCEI. Épée.
(Pl. III, n. 20.) 3 ps.

528. — F · DVX · LOTOR. Le duc debout se couvrant de
son écu. — ℞. MONETA · DE · NANCEI. Épée et trois
aiglons.

529. — Sous une couronne, FORTIS. Autour, LOTOREGIE.

— ꝶ. FERRICVS · DVX. Grande croix fleuronnée. Variée de pl. IV, n. 13.

530. Raoul. R · DVX · LOTORINGIE. Écusson de Lorraine. — ꝶ. MONETA · DE · NANCEI. Épée entre deux écussons. (Pl. V, n. 3.) 2 ps.

531. — RADVLFVS · DVX · MARCHIO. Épée entre deux écussons. — ꝶ. MONETA · DE · LOTORINGIA. Croix fleuronnée, cantonnée de quatre trèfles. (Pl. V, n. 4.)

532. Marie de Blois, régente. IOANNES · DVX · MARCHIO · DE · LOTORIGIA. Écusson écartelé de Lorraine et de Blois. ꝶ. MARIE · DVCHESSE · MANBOVRS · DE · LADV-CHIE. En légende intérieure, MONETA · DE · NANCEI. Croix cantonnée de quatre couronnes. (Pl. V, n. 13.) 2 ps.

533. Jean Ier. IOHS · DVX · MARCHIO. Heaulme surmonté d'un aiglon sur un écusson. — ꝶ. MONETA ·· DE · NANCEIO. Aigle sur un écusson. (Pl. VI, n. 11.)

534. — IOHES · DVX · LOT · MARCH. Heaulme surmonté d'un aigle sur un écusson. MONETA · FCA · IN · NAN-CEI. Épée entre deux écussons. (Gros non décrit dans de Saulcy.)

535. — IOHANNES · DUX · LOTHOR · ET · MAR. Écusson. ꝶ. BNDICTV, etc. En seconde légende, MONETA · SIERK. Croix. (Pl. VII, n. 3.) 2 ps.

536. — IOHES · DVX · LOTHOR. Écusson. — ꝶ. MONETA · IN · SIERK. Épée entre deux roses. (Pl. VII, n. 4.)

537. Charles II. KAROLVS · DVX · LOTHOR · ET · MAR. Écusson. ꝶ. En légende intérieure, MONETA · SIERK. Croix. (Pl. VIII, n. 6.)

538. — KAROLVS · DVX · LOTHOR. Écusson. — ꝶ. MO-NETA · IN · SIERK. Épée entre deux roses. (Pl. VIII, n. 7.)

539. — KAROLVS · DVX · LOTHOR. Heaulme surmonté

d'un aigle sur un écusson. — ℞. En seconde légende, MONETA · IN · SIERK. Croix. (Pl. VIII, n. 8.)

540. — KAROLVS · DVX · LOTHOR · M. Le duc debout. — ℞. En seconde légende, MONETA · DE · NANCEI. Grande croix. (Pl. IX, n. 18.)

541. René Ier. RENAT · D · BAR · M · P · CO. Le duc debout la main sur un écusson. — ℞. MONETA · S · MICHA, en seconde légende, grande croix, pl. X, n. 10.

542. — RENATVS · DVX · BARRENS · Z · LOTHOR · M · Écusson auquel est appliquée une épée. — ℞. SIT · NOMEN, etc. Croix de Lorraine, pl. X, n. 12.

543. — Pièce un peu variée de la précédente, pl. X, n. 13.

544. — RENATI · DVX · BARRENSIS · LOTHO · MI. Écusson de Lorraine et de Bar. — ℞. MONETA · NOVA · IN · S · MICHAEL. Épée entre un barbeau et un aiglon, pl. XI, n. 1.

545. — RENATVS, etc., écusson de Bar et de Lorraine. — ℞. MONETA · FACTA · IN · NANCEIO. Épée entre un barbeau et un aiglon, pl. XI, n. 6. 2 ps.

546. René II. RENATVS · D · G · I · LOX · D. Écu couronné Lorraine et Bar. — ℞. MONETA · FACTA · IN · NANCEIO. Épée. Pl. XII, n. 9.

547. — RENATVS. etc., écusson. — ℞. FECIT · POTENCIAM · IN · BRACHIO · S. Bras armé, pl. XIV, n. 1. 2 ps.

548. — RENATVS. etc., écusson. — ℞. FECIT · POTENCIAM. etc., bras armé, pl. XIII, n. 8.

549. RENATVS. etc., écusson. — ℞. MONETA · NOVA · FACTA · IN · NANCEIO. Bras armé, pl. XIV, n. 2.

550. Antoine. ANTHON · D · G · CALAB · Z · LOTHO · ET · B · D. Écusson. — ℞. FECIT. etc., bras armé, pl. XIV, n. 12.

551. — ANTHON. Écusson de Bar et Lorraine. — ℞. MONETA. etc., épée. Pl. XIV, n. 14.

552. — ANTHON · D · G. etc., buste cuirassé à genoux.
— ℞. 1533, écusson entre deux croix de Lorraine.
Pl. XV, n. 13.

553. — ANTHONIVS · D · G · LOTHO · ET · BARRI · DVX.
Buste cuirassé du duc, tenant une épée. — ℞. Écusson entouré de huit écussons, pl. XVI, n. 2. Écu.

554. — ANTHONIVS. etc., buste à D. avec un petit chapeau en argent repoussé.

555. François Ier. FRANCISCVS · D · G · LOTHO · B · Z · G · L · D · D. Buste à g. — ℞. MONETA · NANCEI · CVSA. 1545. Écusson, pl. XVII, n. 8.

556. Charles III. CARO · D · G · CALAB · LOTH.. Écusson.
— ℞. MONETA · FACTA · NAN, épée, pl. XVIII, n. 1.

557. — CARO · D · G · LOTHAR · DVX. Écusson. — ℞. MONETA · FACTA · NAN. Épée, pl. XVIII, n. 5.

558. — CAROLVS. etc. Épée et écusson. — ℞ MONETA · NANCEI · CV. Croix de Lorraine, pl. XVIII; n. 11.

559. — CAROL. etc. Épée. — ℞. MONETA · NOVA · NANCEI. Croix de Jérusalem, pl. XVIII, n. 16.

560. — CARO · D · G · CAL. etc. Buste couronné à D. — ℞. MONETA. etc. Écusson accosté de deux croix de Lorraine, pl. XIX, n. 8.

561. Charles III. CAROL · D · C · CALA. Buste à D. — ℞. Écusson entouré de sept écussons, pl. XIX, n. 10.

562. — CARO · D · G. etc. Buste à D. — ℞. MONETA. etc., écusson, pl. XXI, n. 4.

563. — Buste à D. — ℞. MONETA. etc. Écusson accosté de deux croix de Lorraine couronnées, pl XXIII, n. 9.

564. — CAROLVS. etc. Buste à g. dessous 1603. — ℞. MO · NOVA · NAN · CVS. Écusson surmonté d'un heaulme, accosté de deux aigles couronnés, pl. XXIV, n. 3. Écu..

565. Henri. HENRI · D · G · DVX · LOTH. etc. Buste à droite. — ℞. MONETA · NOVA · NANCEII · C. Écusson, pl. XXV, n. 1. Ar.

566. — HENRI · D · G · DVX. etc. Buste à dte. — ℞. MO-
NETA · NOVA. etc. Écusson, pl. XXV, n. 2. Teston.
2 ps.

567. — HENRI · D · G. etc. Deux écussons dessous. G.
— ℞. MONETA. etc. Aigle éployé, pl. XXV, n. 10.

568. Charles IV. CAROLVS. etc. Deux écussons. — ℞. MO-
NETA · NOVA. Aigle, pl. XXVI, n. 7, n. 8. 2 ps.

569. — CAROLVS · A · LOTHARINGIA · EPIS. Aigle. — ℞.
ET · COMES · VIRD · PASSAR · IMP. Deux écussons.

570. — CAROLVS · D · G · DVX. etc. Buste à dt. — ℞. MO-
NETA. etc. Ecusson, pl. XXVII, n. 6. Teston.

571. — Buste à dte. — ℞. Écusson. pl. XXVIII, n.1, n. 2,
2 ps. Teston.

572. — Buste à dte. — ℞. Ecusson. Pl. XXVIII, n. 4,
n. 5. Demi, quart Teston.

573. Léopold. LEO · I · D · G · D. etc. Deux écussons. —
℞. MONETA · NANCEII. Aigle, pl. XXVIII, n. 11. 3 ps.

574. — LEO · I · D · G. etc. Tête à d. — ℞. IN · TE · DO-
MINE. etc. Écusson, pl. XXX, n. 1.

575. — Tête à d. — ℞. IN · TE · DOMINE, etc. Croix de
Lorraine couronnée, pl. XXX, n. 7.

576. Tête à d. — ℞. Écusson carré renfermant une croix
et quatre croisettes, pl. XXXI, n. 1. 2 ps.

577. — LEOPOLDVS. etc. Tête à d. — ℞. Écusson avec
trois aiglons, 1718. pl. XXXI, n. 9. Demi-écu.

578. — Tête à dte. — ℞. Écusson 1724. Pl. XXXII, n. 2.

579. — Tête à dte. — ℞ Écusson 1725. pl. XXXII, n. 5.
Demi-écu.

580. — Pièce de LX deniers. — Pièce de XXX deniers.
Pl. XXXII, n. 9, n. 10. 3 ps.

581. — Tête à dte. — ℞. MON · NAN · CVSA. 1726. Quatre
aiglons formant croix. pl. XXXIII, n. 1.

582. — Tête à dte. — ℞. Liard de Lorraine. 1728.
pl. XXXIII, n. 3. 2 ps.

583. Jeton de la princesse Charlotte avec sa tête. — ℞. DECESSIT. etc. 1778. Deux génies près de son tombeau.

MONNAIES OBSIDIONALES.

584. *Aire.* PRO · REGE · ET · PATRIA · 25 · S · OBS. 1710. Armes du gouverneur. Duby. pl. XIX, n. 3.

585. *Barcelone.* EN · BARCELONA. 1810, dans le champ. 4 quartos. — ℞. Armes de la ville. Cuivre.

586. *Breda.* Autour des armes de la ville. BREDA · OBSES. 1625-20 · S. (D. pl. II, n. 10). Pièce de cuivre. D. pl. II, n. 13. 2. ps.

587. *Brisach* MO · NO · VAST · ALS · ET · BRISACAE · IN-DEX. (D. pl. XII, n. 5.)

588. *Cambray.* HENRICO · PROTECTORE. Écusson de France. XX P. Patars. (D. pl. X).

589. *Cattaro.* CATTARO · EN · ÉTAT · DE · SIÉGE · 1810. Canon, fusil et épée en sautoir. — ℞. 5. F. N. couronné, etc.

590. — CATTARO · 1813. — ℞. I F. N. couronné.

591. *Cazal.* INSTAR · HORVM · FLORESCAM. Armes de France. (D. pl. XII, n. 1.)

592. *Catalogne.* 305 · FER · VII · 1808. — ℞. Armes de la Catalogne.

593. *Corse.* Paoli. Armes de la Corse. — ℞. 20 · SOLDI · 1768.

594. *Landau.* Armes du gouverneur. 4 livres 4 s. LAN-DAV 1702. — I LIVRE · LANDAV 1702. 2 ps.

595. — Initiales du duc de Wurtemberg. PRO · CAES · ET · IMP. 1/2 FLO. 2 X. (D. p. 19, n. 9.)

596. *Leyde.* Dans une couronne LVGDVNVM · BATAVORVM. (D. p. IV, n. 4).

597. *Lille.* PRO · DEFENSIONE · VRBIS · ET · PATRIÆ · 1708. XX s. — X. s. — V. s. (D. p. 18, n. 7, 8, 9.) 4 ps.

598. *Luxembourg.* F · 11. Lion dans un écusson. — ℞. 1. SOL. 1796.

599. *Maëstricht.* TRAIEC · AB · HIS · OBSES. etc., main tenant une épée dessous. XVI. (D. p. VIII.) Variété.

600. — 1794. Etoiles 100 St.

601. *Mayence.* 1793. L'AN 2. — 5 SOLS. — 2 SOLS. — 1 SOL. — 3 ps.

602. *Minden.* MINDA · OBSESSA. 1634. — ℞. 8 GROSCHEN. (D. pl. XII, n. 7).

603. *Pologne.* KROLESTWO · POLSKIE. Armes de Pologne. — ℞. 5 ZLOT · POL · 1831.

604. *Rome.* REPVBLICA · ROMANA · 1849 · 3 · BAIOCCHI · 1 · BAIOCCO · 1/2 · BAIOCCO. 3 ps.

605. *Tournay.* M · DE · SURVILLE · 20. Sa tête dessous une petite tour. (D. pl. XVIII, n. 10.)

606. — MONETA · IN · OBSIDIONE · TORNACENSI · CVSA. (D. pl. XVIII, n. 11.)

607. Une tour, TORNACO · OBSESSO · 1709. (D. pl. XIX, n. 1.)

608. *Ulm.* DA · PACEM. etc. (D. pl. XVIII, n. 4.)

609. *Zara.* ZARA · 1813. Aigle couronné. — ℞. Dans un carré I · 0 · 4 fr. 60 c.

MONNAIES ÉTRANGÈRES.

610. *Angleterre.* Guillaume le Conquérant, denier, tête de face.

611. — Cromwell. Écu, demi-écu, schelling. 3 ps.

612. — Jacques II. Écu, demi-écu, 12 pences, 1 penny. 4 ps.

613. — Anne. Demi-écu.

614. *Bade.* Charles-Frédéric. ZEHN . EINE · FEINE · MARKE. 1810.

615. *Bamberg.* Jean-Georges évêque. Buste de face. Écu.

616. — Écu frappé par le chapitre pendant l'interrègne de 1693.

617. *Bern.* Écusson de la ville, écu 1795.

618. *Bohême.* Florin de Jean l'aveugle. Ν

619. *Brabant.* Ducaton de Philippe II, frappé à **Anvers**, en 1573.

620. — 5 francs frappés en 1853, pour le mariage du duc et de la duchesse de Brabant.

621. *Campen.* Écu frappé par Charles-Quint, et avec son buste, 1540.

622. *Ceylan.* GOVERNMENT · CEYLON · 48 · S. — ℞. 1809. Éléphant.

623. *Cologne.* Écu frappé par le chapitre, pendant le siége vacant en 1688.

624. *Deciane.* Monnaie à l'imitation des Blancs de Henri II. DELFIN · TICIO · C · DEC · VI · IMPE. 3 ps.

625. *Este.* Caesar, duc de Modène. Sa tête. — ℞· NOBILI-TAS · ESTENSIS. 1613. Écusson. Écu.

626. *Espagne.* Piastre frappée par l'empereur Joseph. 1810.

627. — Une autre en 1813. — 1 réal 1813. 3. ps.

628. *Etrurie.* Écu de Charles-Louis et Marie-Louise ré· gente. Têtes affrontées, 1877.

629. — Léopold, écu 171

630. — Bustes accolés de Félix et Elisa, Lucques. 5 centisimi, 806. 3 centisimi, 1806. 2 ps.

631. *Franckfort.* La ville de Franckfort. — ℞. X · ST ̈ EINE · F · M. 1792, écusson.

632. *Genève.* — GENEVA · CIVITAS. Armes de la ville. 1568.

633. *Hanau.* Philippe Maurice. Sa tête. — ℞. MONETA · NOVA · ARG · TUTELAE · HANOVICAE. Armes de la ville. 1|4 écu. 2 ps.

634. — Jean. Sa tête. — ℞. DNS. etc. Écusson. 1|4 écu.

635. *Haïti.* Boyer, président. 100 G · 50 G · AN · 24 · AN · 27. 3ps.

636. *Helvétie* (république). 1798. 40 · BATZEN.

637. *Hesse.* Louis, grand-duc. — ℞. EIN · KRON · EN-THALER 1819. Écusson.

638. *Hollande.* Louis-Napoléon. Sa tête. — ℞. KONINGRIJK. HOLLAND. Écusson. 50 s⁺. 1808.

639. *Arragon.* Pierre. P · DEI · GRA · REX · ARAGONUM. Le roi assis, etc. — ℞. MAIORICA, etc. Double croix, quart de ducat. A⸍

640. *Castille.* Henri l'Impuissant. HENRICVS · REX · CAS-TELLE · EN en monogramme sous une couronne. — ℞ ENRICVS, etc. Forteresse. Æ.

641. *Lausanne.* SEDES · LAVSANE. Temple. — CIVITAS etc. Croix, denier. 2 ps.

642. *Lubeck.* Rodolphe II. RVDOLPHVS · II · D · G · IMP · SE · AVGVS. Double aigle. — ℞. MONETA · NOVA · LV-BECENCIS. Saint Jean, etc. Thaler.

643. *Lucerne.* RESPVBLICA · LVCERNENSIS. Écusson. — ℞. DOMINVS · SPES · POPVLI · SVI. — 8 l. en Croix. Pièce de 40 bath.

644. *Bohême.* Wenceslas. VVENCESL · DVX · B. Florin. A⸍.

645. *Malthe.* Manuel de Rohan 1790, écu.

646. *Mexique.* Augustin Iturbide. Son buste. — ℞. Aigle éployé. Écu 1823.

647. *Mont-Ferrat.* Guillaume. Tête à gauche. — ℞. SACRI · RO · IMP · PRIN, etc. Écusson. Teston.

648. *Milan.* Philippe II. Son buste, 1588. PHILIPPVS, etc. ℞. MEDIOLANI · DVX · ET · G. Écusson. Teston.

649. *Parme et Plaisance.* Alexandre Farnèse III. Son buste 1588. — ℞. PARMAE · ET. etc. 1/2 écu.

650. *Pologne.* Jean Casimir. IO · CAS · REX · PO. Tête à droite. — ℞. MON · AUR, etc. 1665. Cavalier. 1/4 ducat. A⸍.

651. — Stanislas-Auguste. Sa tête. — ℞. IO · EX · MAR-CA · PVRA · COLONIENSIS. 1788. Écusson. Écu.

652. — Frédéric-Auguste. Sa tête. — ℞. SACR · ROM, etc. Écusson 1763. X · EINE · FEINE · MARCK. Écu.

653. — Frédéric Christian. Sa tête.— ℞. IVL · CL · MONT · A. etc. Armes, 1763. X · EINE · FEINE · MARCK. Écu.

654. *Portugal.* Jean VI. 1821. 960 · R. Écu.

655. — Marie et Pierre III. 1780. 640 · R. Demi-écu.

656. *Rome.* Pie VII. 1807. — ℞. AUXILIVM · DE · SANCTO. Le Christ soutenant l'église Saint-Pierre. Écu.

657. —Innocent XII. Ses armes. — ℞. ELEVAT · PAVPEREM. 1697 ; au-dessous , écusson.

658. *Russie.* Pierre le Grand. Sa tête. — ℞. Croix Saint André. Ducat. N.

659. — Pierre le Grand. Sa tête. — ℞. Double aigle. Écu.

660. — Pierre III. Sa tête.— ℞. Double aigle. 1762. Écu.

661. — Catherine. Sa tête. — ℞. Double aigle. 1727. Écu.

662. — Elizabeth. Sa tête. — ℞. Double aigle, 1760.|Écu.

663. *Saint-Gall.* MO · NO · CIVIS · SANGALLENSIS. Un ours, 1649. Teston.

664. *Saxe.* Frédéric-Auguste. 1825. ZEHN · EINE · FEINE · MARCK. Écu.

665. *Savoie.* MONETA · SAONE. Florin. N.

666. — Ch. Emmanuel. Son buste.— ℞. AUXILIVM , etc. Ecusson 1583. Teston.

667. *Sicile.* Ferdinand. Sa tête couronnée.—℞. Écusson. Ducat. N.

668. — Joacquin Napoléon (Murat 1813). Pièce de 5 LIRE.

669. *Suède.* Gustave Adolphe. Sa tête. Ducat N.

670. — Christine. Sa tête laurée. — ℞. M · DC · XLVIII. Écusson. 4 · M. Écu.

671. — Christine. Buste de trois quarts, 1642. Écusson. Écu.

672. — Christine. Buste de trois quarts, la main appuyée sur une table. — ℞. M · DC · L · XLI. Le Christ debout.

673. — Charlès XI. Son buste à gauche. — ℞. VIII · MARK · SVENSKA. Ecusson. Ecu.

674. — Charles XII. 1716. 2 · M. Trois couronnes. — 1715. 1 · M. Trois couronnes. 2 ps.

675. — Frederic. 1746. Ducat. ℳ.

676. — Charles XIV (Bernadotte). 1822. Ducat. ℳ.

677. *Transylvanie*. Georges Ragotzki. Sa tête.—℞. 1658, écusson. Ecu.

678. *Wagram*. Médaille d'or. Napoléon le Grand sous une couronne. — ℞. Les trophées de cette bataille, etc.

679. *Ducat* pour le jubilé 1517 , avec le buste de face de Martin Luther. ℳ.

680. *Ecu* de 1661 avec la tête de face de Martin Luther.

681. *Venise*. Augustin Barberigo, doge ; pièce de quatre matapans.

682. — André Gritti, doge ; pièce de quatre matapans.

683. *Westphalie*. Jérome-Napoléon. Son buste. — ℞. X thaler 1813. ℳ.

684. Jérôme-Napoléon. 1 frank 180. Essai. Demi-frank. 1808. 2 ps.

685. — X · EINE · FEINE · MARK · 1813. Écu.

686. — 20 · 10 · 5 · 3 · 2 · 1 · centimes. 6 pièces d'essai en cuivre.

687. *Zurich*. MONETA · REIPVBLICAE · TIGVRINAE. Lion, la patte sur un écusson. — ℞. Vue de la ville, 1756. Écu.

688. — Demi-écu. 1761.

689. ARDIG · PADRA. Cette pièce a peut-être été frappée à Patrée en Achaïe, par les princes croisés. Florin. ℳ.

690. — Esterling de Jean roi d'Angleterre. Esterling de Jean roi d'Ecosse. 2 ps.

691. *Basle*. CIVIS.... chatel. — ℞. (Revue numismatique, année 1849, pl. XII, n. 35. Morel Fatio.)

692. *Breslau-en-Bohéme.* 1544. MONETA. etc. Écusson. — ℟. ECCE · VICIT · LEO · DE · TRIBV · JUDA. Lion couronné, écu.

693. *Hesse.* Maurice landgrave. MAVR · D · G. etc. Lion. — ℟. MO · NO. etc. Deux lances en sautoir, 1625. Ecu.

694. *Salzbourg.* Léonard, archevêque. 1515.

695. *Solm.* Philippe, comte. Double aigle. Teston.

696. *Worms.* Palatinat. Double aigle, 1619. Teston.

697. *Hollande.* Philippe le Beau, demi-noble à la rose, le comte dans un vaisseau. N.

698. *Angleterre.* Saint-Edmond. SC · EAD dans le champ A. — ℟. Même légende croix, denier.

699. *Allemagne.* Henri, empereur. HENRICVS · DEI · GRA. Tête de face. — ℟. REX · ROMANORVM. Esterling.

700. *Venise.* VENETORVM · FIDES · INVIOLABILIS · BISANTE · I. Dans le champ. — ℟. REGNI · CIPRI. etc. Lion de Saint-Marc, 1570. 3 pièces de cuivre, variées,

MÉDAILLES D'ARGENT.

701. Louis XVI. Son sacre à Reims en 1775. Son buste couronné, belle médaille de Duvivier.

702. — Sa mort. *Pleurés et vengés le.* — Femme pleurant sur une urne. *Le XXI janvier MDCCXCIII.*

703. — Sa mort. VNSSHVLDIG · GETODTET · DEN · 21 · JANV · 1793. L'Hydre tenant une balance et une épée.

704. Jérôme Napoléon et sa femme, têtes accolées. — ℟. GLVCK · AVF · CLAVSTHAL, etc. Instruments de mineurs. 1811.

705. Napoléon. Le sénat et te peuple. — Louis XVIII. *A donné aux Français*, etc. 2 ps.

706. Joseph II. Frédéric II. Bustes affrontés. GERMANIA · GAVDET · 1779.

707. Henri VI, Élizabeth, Charles Ier, Charles Ier et sa femme, etc. 7 jetons gravés en creux.

708. Henriette-Marie de Bourbon, jeton. — Médaille de Saxe, commémorative de la réforme. 1829. 2 ps.

709. Série des rois de France. — 70 jetons d'argent, frappés sous le consulat, comme l'indique la tranche cannelée.

MÉDAILLES DE BRONZE.

710. Henri IV et Marie de Médicis en Minerve, se donnent la main, entre eux Louis XIII, en amour, tient un casque. PROPAGO · IMPERII. (Diamètre, 18 centimètres.)

711. — — Leurs bustes accolés. — ℞. Le même que le précédent. (D., 7 cent.)

712. Louis XIII. PACEM · TERRIS · INDIXIT · ET · VNDIS. Buste du roi. Médaille pour la construction d'un port. An 1656. (D. 6 cent.)

713. — Son buste. — ℞. Buste d'Anne d'Autriche. G · DUPRÉ · F · 1620. (D. 6. cent.)

714. Louis XIII. Son buste. — ℞. NON · MARE · NON · MONTES, etc. Hercule tenant sa massue (d. 4 c.).

715. Anne d'Autriche tenant Louis XIV enfant dans ses bras. — Le Val-de-Grâce. 1638 (d. 10 c.).

716. Jean-Jacques Trivulce, maréchal de France; son buste lauré. — ℞. *Nec cedit umbra soli.* Buste etc. (d. 5 c.).

717. Charles Ier d'Angleterre. Buste du roi. — ℞. Un bras sort des nuages tenant une couronne (d. 5 c.)

718. Philippe II d'Espagne. Son buste. — ℞. JAM · ILLVS-TRABIT · OMNIA. Char du soleil (d. 7 c.).

719. — Buste de sa femme Isabelle (d. 4. c).

720. — Buste. — ℞. VT · QVIESCAT · ATLAS. Hercule soutenant le Globe (d. 4 c.).

721. Barbara Gonzaga. Buste à droite. — ℞. NON · VLLI · OB · NOXIA · VENTO. Pégase sur le mont Parnasse (d. 5 c.).

722. Louis Cardinal Ludovisius.— Buste de saint Ignace tenant l'Evangile (d. 7 c.).

723. Aristote. Buste du philosophe. **ΑΡΙΣΤΟΤΕΛΗΣ**, etc. — ℞. Pégase (d. 6 c.).

724. Cosme III, duc d'Etrurie. Son buste. — ℞. Vue de la ville. NAT · D · IO · BAPT (d. 8 c.).

725. Clément XI. Buste du pape. Beau médaillon gravé par G. Dupré (d. 14 c.).

726. Marin le Pigny, conseiller du roi. Son buste. Médaillon gravé par Robinet, médecin (d. 11 c.).

727. Hieronima Sacrata. M · D · L · V. Très-joli buste de femme (d. 7 c.).

728. Marguerite de Calsagen. — Buste de femme (d. 7 c.).

729. Georgen Pranstetter. Buste à gauche, 1569 (d. 6 c.).

730. Romanus Thome, conseiller. Son buste. Médaillon gravé par Bidau. 1662 (d. 1 c.).

731. Hugues de Pomey, seigneur de Rochefort, etc. Son buste, gravé par Bidau, 1662. (d. 12 e.).

732. Vénus dans l'atelier de Vulcain regarde fabriquer les armes qu'elle destine à Énée. Très-jolie composition (d. 16 c.).

733. Sous ce numéro on vendra des médailles modernes non cataloguées, ainsi que des lots de médailles grecques et romaines.

FIN.

TYPOGRAPHIE DE CH. LAHURE
Imprimeur du Sénat et de la Cour de Cassation
rue de Vaugirard, 9

www.ingramcontent.com/pod-product-compliance
Lightning Source LLC
LaVergne TN
LVHW021811170726
843503LV00007B/3150